童年是书包里的幸运星

青春美文精品集萃丛书·难忘童年系列

《语文报》编写组 选编

时代文艺出版社

图书在版编目（CIP）数据

童年是书包里的幸运星 /《语文报》编写组选编.
-- 长春：时代文艺出版社，2021.6
（青春美文精品集萃丛书. 难忘童年系列）
ISBN 978-7-5387-6743-8

Ⅰ. ①童… Ⅱ. ①语… Ⅲ. ①作文－中小学－选集
Ⅳ. ①H194.5

中国版本图书馆CIP数据核字(2021)第088006号

童年是书包里的幸运星

TONGNIAN SHI SHUBAO LI DE XINGYUNXING

《语文报》编写组 选编

出 品 人：陈 琛
责任编辑：王 峰
装帧设计：任 奕
排版制作：隋淑凤

出版发行：时代文艺出版社
地　　址：长春市福祉大路5788号 龙腾国际大厦A座15层 （130118）
电　　话：0431-81629751（总编办） 0431-81629755（发行部）
网　　址：weibo.com/tlapress（官方微博） sdwycbsgf.tmall.com（天猫旗舰店）
开　　本：880mm×1230mm 1/32
字　　数：135千字
印　　张：7
印　　刷：三河市嵩川印刷有限公司
版　　次：2021年6月第1版
印　　次：2021年6月第1次印刷
定　　价：36.00元

图书如有印装错误 请寄回印厂调换

编 委 会

主　　编：刘应伦

编　　委：刘应伦　　赵　静　　李音霞

　　　　　郭　斐　　刘瑞霞　　王素红

　　　　　金星闪　　周　起　　华晓隽

　　　　　何发祥　　朱晓东　　陈　颖

　　　　　段岩霞　　刘学强

本册主编：黄　瑞

Contents
目 录

最美的风景

最美的风景 / 徐　晨　002

购物车 / 谢尚安　004

妈妈笑了 / 刘焕颖　007

我的那片蓝天 / 赵如蕙　009

永不消失的身影 / 赵钰洁　012

摘橘子 / 郑秀文　014

奶奶走了 / 钟雯冰　016

生命之树 / 毛宇琛　019

在细节中成长 / 成长喜悦　021

云 / 李迎港　024

桂花树的思念 / 孙祎曼　026

小树与老伯 / 马文茹　028

秋雨·荷花 / 周志明　030

秋天 / 张　帅　032

那年的单车 / 李宏伟　034

你是我兄弟 / 张　纲　036

笑颜 / 叶小琦　038

秋日的阳光

秋日的阳光 / 赵玉莉 042

是谁绑住了你的飞翔 / 江紫仪 044

小鸡出壳记 / 周陈超 046

山中一夜 / 柴晓菡 048

宽容 / 王昊宇 050

家乡的板栗 / 朱弈 052

我们的母校 / 樊正逸 054

人生的财富 / 戴婉丽 057

明亮 / 龚欣语 059

灯，亮了 / 张紫微 061

我的狗尾草情结 / 高红 063

难忘的瞬间 / 施天任 065

风筝，风筝 / 张雅涵 068

收获 / 李思源 071

麦田里的耕种者 / 周莉英 073

抢收 / 杨微伟 076

校服啊校服 / 蒋雨诗 078

我的心事我知道 / 梁钰材 081

父亲的膏药 / 刘盈欣 083

远山的呼唤 / 李文馨 086

亲情永不老去 / 司子昂 088

想念一棵树

暖暖的阳光 / 范开源 092

吊兰的成长 / 司逸群 095

神奇的四季 / 方琦 097

美丽的南湖水 / 汪玲 099

我的父亲 / 钱则昀 101

秋的向日葵 / 王斌 103

给奶奶的一封信 / 李含刚 105

想念一棵树 / 吴铭 107

乐乐 / 左如瑶 110

河流引领我成长 / 张继霄 113

隐形的阳光 / 段雨辰 116

酸酸甜甜的爱 / 黄佳慧 118

爱在延续 / 刘太愿 120

我的爱，伴着你 / 石芩 122

秋夜 / 石玉 124

蝈蝈 / 刘宣辰 126

一杯清茶 / 赵晨祎 129

雪忆 / 梁钰材 131

我的偶像赵老师 / 梁作栋 134

秋之韵 / 龚欣语 137

目录

一路上有你

记忆深处的淡淡清香 / 张 琛 140

我给爷爷泡杯茶 / 陈佳文 142

"荷"处芳香 / 虞诗斐 145

坐在我身边的"猫" / 左茹瑶 148

阿太"乖宝贝" / 吕柳怡 150

那时雨 / 黄哲卿 152

一路上有你 / 梁钰材 154

钢琴的真谛 / 郑晓舸 156

秋叶 / 朱 玟 159

一起走过 / 莫 凡 161

满天星，染谁的瞳 / 吴诗颖 163

学会欣赏 / 蒲子璇 165

春来江水绿如蓝 / 余文均 167

一杯茶，一盏灯 / 董灵蕴 170

人 生 如 花

谁也不能给你未来 / 许 悦 174

一个大写的人 / 李含婷 177

母爱，洒在儿女的路上 / 张 含 180

母亲的泪 / 刘夏轩 182

书法真让我着迷 / 于　桑　184

枣花赞 / 周　航　186

行走在人生的道路上 / 郑佳欣　188

精彩地活着 / 付佳辉　190

蝴蝶与花香 / 彦　沁　192

大山的早晨 / 陈发兰　194

人生如花 / 李　煜　196

绿色邮筒，茶色信封 / 王睿琪　198

含泪的微笑 / 郑　卓　200

梦回三国 / 徐原灏宇　203

真正的荣誉 / 贺芳祎　206

秋之·月 / 王　浩　209

你不回来了吗 / 周家豪　211

最美的风景

最美的风景

徐　晨

浓云修饰的昏暗天空下，一棵老树挑着仅剩的几片干枯的叶子，阴郁地站着，任凭冰冷的雨点肆无忌惮地戏弄着，可谓"秋风秋雨愁煞人"。

我撑着伞在站台等车。马路对面，远远地走来一个撑着黑布伞的中年男子，他的步子很大，走得很快，似乎上班快要迟到的样子。忽然，他停住了脚步，打量着什么，我不由得朝他看的方向望去。

那是一个女孩儿，一头乌黑的长发披在肩上，天蓝色的上衣湿了一大片。她处在一个陡坡处，坡上长着一棵大树，树上有把小花伞，小花伞在枝上悠悠荡荡。那女孩儿踮着脚，正在试图摘下小花伞，但她的身高还差那么一点点，够了几次都没有够到。真像一幅美丽的画，如果不是这鬼天气。

我打了个寒战，见那男子顿了顿，想帮助似乎又怕自讨没趣，脚下也没停留，前方的路向他敞开着。

　　那女孩儿叫住他跟他说着什么，一定是请求帮忙。就在这时，公交车来了，我望了望那边，继续站在那里没有上车，我很好奇那个男子的举动。那边的公交车也缓缓靠边停住了。只见那男子看了看手表，又放下手腕，脸上的表情经我翻译为：上班迟到就迟到吧。女孩儿拢了拢头发，擦了擦脸上的雨水。男子挽了挽袖子，合上自己的黑布伞，用伞的弯把勾住了小花伞的伞柄，试了几次，终于成功了。女孩儿笑着撑起小花伞，跟那男子说着什么，我猜她一定是说"谢谢，谢谢"，男子笑着摆摆手，他的意思是"没什么，不必客气"。

　　又一趟公交车过来了，男子收起伞上了车，女孩儿撑着花伞娉婷地走在马路上，我也坐上公交车，向另一个方向驶去。

　　生命中有很多的际遇，缘分或深或浅，但一点微不足道的善举，也会成为人世间最美的风景。

购 物 车

谢尚安

"儿子，陪我去趟商场吧，买点东西过五一。"妈妈轻快地说，听得出心情很不错。

我向来是不爱出门的，更别提逛商场。不过今天很悠闲，也该陪陪妈妈，让她开心一回。这么想着，我便应声答道："哦！来了，我去换身衣服。"

"能得到这小子的肯定答复还真难得呢。"妈妈自语着，很是满足。我苦笑着，想来往日的任性妄为或自顾自为的做法确实是自私了些，幼稚了些。

到了商场，妈妈推着购物车，熟练地在阡陌纵横的货架间自如地穿梭着，俨然忘记了还有个儿子在相伴。她并不像那些亮丽的时髦妇人，逮着个服务员就矫情造作地问个不停，问询间带着一份炫耀；也不像那些老大妈，这里碰一下，那儿挑一下，最后什么也不买。她只是推着购物车，静静地，悠悠地在嘈杂、喧闹的人群中移动。

"哎！妈！等等我，您一个劲儿老跑我都跟不上啊……"我故作搞怪地喊着前面的妈妈。

"哦，不好意思，不好意思。"她扭过头，抱歉地笑着，"我习惯一个人逛了。"我愣了一下，便快步赶上去。不知为什么，那个瞬间，我蓦地感到我和妈妈之间似乎隔着点什么，或是妈妈积年累月的生活里缺失了些什么。

"来，妈，您去挑东西，我来帮您推购物车。"

"哦！呵呵，儿子长大了。"妈妈疼爱地笑开来，轻轻地拍拍我的后背，"没事儿，我自己推便好了。"说罢，她便又自顾自地推着车向前走去了。

我小步向前跑去，附和地随着妈妈。她依旧在井形的货架间穿行，依旧静静地，悠悠地。高大林森的货架衬着妈妈微胖的身躯，和那笨重的购物车，显得落寞而寂静。那个瞬间，我突然感觉妈妈喜欢逛商场，未必是喜新厌旧、爱买东西，也不是生活无趣、打发光阴，她或许只是在渴望、奢求一份热闹———一份可以冲淡孤单的热闹罢了。

因为我的一天天长大而疏远了她？因为我的埋首青灯忙于学业而忽略了她？因为爸爸忙于生计、马不停蹄而淡漠了她？还是因为妈妈老了，她正渐渐地一点一点地脱离我和爸爸？她已经习惯一个人，习惯一次次孤单地一个人徘徊在喧闹的商场里。那份孤单就像龙应台"目送"着自己的儿子长大，一步一步渐行渐远地远离她而兀自孤单一样。

我好像开始明白了毕淑敏的《孝心无价》中的一段话："有一些事情，当我们年轻的时候，无法懂得；当我们懂得的时候，已不再年轻。世上有些东西可以弥补，有些东西永无弥补。天下的儿女们，一定要抓紧啊！趁你父母健在的光阴，多尽孝。"

这么想着，我觉得自己好像长大了。

是的，我也应该长大了。

我悄悄地赶上妈妈，轻轻地握住了她推着购物车的手，在她耳边小声地说了声："妈，我帮您推。"

妈 妈 笑 了

刘 焕 颖

妈妈,一个多么熟悉而又温暖的词语。妈妈,一个多么可爱而又亲切的人。

我的妈妈个子不高,小巧的脸上有双大大的眼睛,红润的嘴唇边还有两个又小又深的酒窝。在我的眼里,她不是一个大人,而是和我们一般大的孩子,因为她天天与我嬉戏玩耍。我爱我的妈妈。

一年级的时候,妈妈因生病住了院。一次,我放了学就和爸爸一起去医院看望她。她躺在病床上,看上去很憔悴,脸色苍白,眼神黯淡无光,眉头紧锁,连那挂在嘴边的可爱的小酒窝也看不到了。看到我们来了,她本想起身,可病痛折磨得她不能动弹,只好放弃。我和爸爸见状,立刻跑去扶住妈妈。我心疼地问道:"妈妈,你怎么了,得了什么病啊?"可妈妈为了使我安心读书,什么都不肯跟我说。

　　后来的每一天，我都一如既往地去医院看望妈妈。有一次，我来到她的病房，看到她在削苹果，我立马跑过去把苹果抢过来，并呵斥她："你这个样子怎么可以削苹果？以后不准这样了，听到没？"她听了，只是微微一笑，然后就任由我削起来。我左右看了看苹果，拿起小刀向苹果刺去，然后在苹果上乱切一通。没过多久，可怜的苹果已然成了一个四不像。当时，我很自责，又拿起一个苹果削起来，可结果还是不尽如人意。我很沮丧：连一个苹果都不能削给妈妈吃。转念一想，这样不行，一定要削一个苹果给妈妈！于是，我又拿起苹果，嘴巴大张，这边咬一点儿，那边咬一点儿，把苹果皮一口一口咬下来，等到差不多的时候，我就骄傲地拿着自己的"杰作"给妈妈。妈妈看着我精心制作的"杰作"，扑哧笑出声来，这是这么多天来我看到的妈妈最灿烂的笑，它如冬日的阳光般照进我的心里，驱走了这些天一直压在我心头的焦虑和担心。我不禁嘴角一扬，送给妈妈一个甜蜜的微笑。

　　妈妈的病一天天好起来，她又可以天天和我玩耍了，她的又小又深的酒窝里盛满了甜蜜又芳醇的笑。

我的那片蓝天

赵如蕙

记忆中，那片蓝天总是那样澄澈而干净。

小时候，总是喜欢漫步在校园的小径上，呼吸着清新的空气，和小伙伴们一起玩耍、嬉戏。

同样是在这迷人的蓝天下，我第一次登上演讲台，微风轻拂着我因紧张而发烫的脸颊。我抬头望向远处，那片纯净的蓝天是那样的沉静，仿佛给了我力量。

还依稀记得，老师将这"光荣而艰巨"的任务交给我，那时的心情，惊喜、自豪之余又掺杂着些许的担心，担心自己会不会将这件事弄砸。

小心翼翼地收起演讲稿，一个人来到校园，仰望着蓝天自语："我能成功吗？"

蓝天不语。

不论成功与否，都必须先做准备。于是，每天，重复着念稿、背稿、练习登台。开始似乎还有一点儿担心，但一忙起来就忘到了脑后，只是全身心地投入。呵呵，童稚可嘉。

在班里，在全班同学面前，我第一次登台。这是正式比赛前的一次演练。站在讲台下，我已经乱了阵脚，慌乱的心情犹如泼在桌上的水一样没法收拾。该我上台了，可大脑已变成一片空白，没有办法，只好硬着头皮走了上去。结果不言而喻，表情生硬，结结巴巴，一塌糊涂。狼狈地走下台来，得到的自然是老师的批评。

那天，又独自来到校园。沮丧、委屈一齐涌上心头，更多的还有不甘。这些感受汇聚在一起，使我有种想哭的感觉。可我还是倔强地仰起头，对着蓝天大声说："我能行！"

之后的几天，我付出成倍的努力。逐渐，对演讲台的怯懦变为期待，信心也一天天增加。而那一天也终于到来了。

站在演讲台下，听到主持人念我的名字，我自信地向台上走去。主持人下来，经过我身旁时轻轻地说了声"加油"，我郑重地对他点点头。

站在演讲台中央，蓝天俯瞰着我，仿佛在为我鼓劲，我也把目光投向那里，默默地在心里说"请相信我"。我不再紧张，那对我来说仿佛已经不是"演讲"，而是一次与朋友的交流。

演讲完毕。台下，掌声如雷；台上，我热泪盈眶。

那是我最成功的一次演讲。

那片蓝天，给我信心和勇气的蓝天，已成为最珍贵的回忆，永远地珍藏在我心里。

永不消失的身影

赵钰洁

"吱扭……"我又听见了那熟悉的破三轮车在缓缓移动时发出的声音，准是他，那个残疾人。无论春夏秋冬，风霜雨雪，这街道上，总是少不了他那身着破旧大衣，拖着半边已经动弹不得的身体的身影。他走路时总是扶着三轮车，歪向一边，右脚往前走一步，再倚着车艰难地拖动左脚，一摇一摆的；他像乌龟一样慢，有时连路边的蚂蚁都能超过他。每次看见他，我都是能躲他多远，就躲他多远。

后来，我得知了他那半边身子好像是在一次车祸中受伤的，从此丢了工作，艰难地生活。我有些同情他，看着他现在坚定不移地练习走路，我再也不忍心和其他孩子一起嘲笑他。

那时我每天都六点多才放学，每当我背着沉重的书包独自走在街道上时，总能看见他艰难地挪动着自己笨拙的身体，就算下雪也会如此。每次他看见我，都会朝我微笑一下，久而久之我们就熟悉起来。一次大雪过后，厚厚的积雪在街灯温柔地照射下，为寂静的街道铺了一层闪着银光的地毯。我看见雪地上又有他走过的痕迹，便跑着追赶他。远远地就看见他瘫坐在雪地上痛苦地呻吟，那只可以动的手紧紧捏着右脚踝，脸也许是因为疼痛，也许是因为寒冷已变得惨白，没有一点儿血色，三轮车翻在了一边，我赶忙跑过去帮他。他看见了我，脸上艰难地挤出了一丝笑容，"我没事"，说着，他就努力着要站起来。他虽嘴上这么说，但很明显，他疼得厉害，我扶着他上了三轮车，他就不要我帮了，他微笑着，用脚轻轻蹭着地，一点点往家挪去。橙黄色的灯光为他的背影镶上了一圈金黄色的光晕，我的敬佩之情油然而生。

两年过去了，不论春夏秋冬，不论风霜雨雪，他那推着破三轮车练习走路的笨拙的身影，走遍了大街小巷的摇晃的身影，从未消失，也永远不会消失。

摘　橘　子

郑秀文

　　航埠的农忙假，主要工作就是帮爸爸妈妈摘橘子。

　　可是每个人的心情又是不一样的。有些人讨厌放农忙假，因为要干很多活；有些人因为不用上学而喜欢农忙假。我家中虽然有许多橘子树，但我并不讨厌，因为妈妈不会强迫我去摘橘子，或者去帮忙搭把手。

　　星期三下午三点左右，放农忙假了，我在校门口望了又望，知道妈妈又忘记了我的放学时间，就去了朋友家给妈妈打电话。妈妈来接我的时候，车上还有一些空箱子。可能太忙了，忘记我放假了吧！我想，回了家看看电视听听歌，好好放松放松。可妈妈并不是把我接回家，而是直接把我带到果园里来摘橘子。"这山路可真难走哇！"我抱怨道。路上到处杂草丛生，一条又窄又小的路弯弯曲曲地伸向果园，每一步都得小心翼翼地，我有些不开心。

终于走到了果园，满园的橘子挂在枝头，远远望去，就像一个个金灿灿的小灯笼，散发出诱人的香味，真让人嘴馋。我不由自主地咽口水，真想多吃几个呢！我看中了一个黄中透红、个大皮薄的橘子，一抬手就摘了下来。剥开橘子的皮，立即露出一瓣瓣金黄色的果肉，掰一瓣放在嘴里，只要轻轻一咬，嗬！那酸酸甜甜的汁液，犹如一股清泉射出，使人回味无穷。我一口气吃了四五个，肚子实在装不下了，才让嘴巴休息一会儿。

妈妈喊我："别只顾吃，来帮忙啊！"我穿梭在婆娑的枝叶间，专门捡那些大的摘。妈妈被茂密的枝叶挡住，只闻其声，不见其人。我和妈妈一边摘一边聊天，不一会儿，我就摘了满满一篮橘子。

夕阳渐渐落山了，暮色笼罩了山野，我看着车上堆成小山的橘子，当初抱怨的心情，顿时抛到了九霄云外。回家的路仿佛更宽了，脚步也更轻松了。

奶 奶 走 了

钟雯冰

　　在我家的相册中，有一个爱穿紫红色衣服的身影，她就是我的奶奶。

　　说起奶奶，便时常想起小时候我屁颠儿屁颠儿地跟在她身后的情景：奶奶背痒了，我就会伸出小手帮她挠挠；她去外面乘凉，我便嚷嚷着要跟着；我耍赖了，她便放下手中的扇子，从口袋里掏出几颗糖来哄我；我无聊了，她便给我讲吴刚砍桂树、牛郎织女的故事。

　　和奶奶在一起的生活经历，有三件事常常勾起我的回忆：做鞋、理花和送我上学。

　　以往，我们家中每人脚上那结实又暖和的拖鞋，哪一双不是奶奶一针一线缝出来的？爸爸总是说，在过去，人们过年时才能有新衣服新鞋子穿，奶奶那时才舍得拿出来。平时，奶奶有事没事就开始捧着那些鞋面鞋板来做，一年四季，我们家每人不少于三双，要知道我们整个家族就有几十人。唉，奶奶要做多少双鞋？这似乎成了奶奶每天都在干的事。只要一有空，我就会帮奶奶穿针引线，奶奶总说，小孩子眼神就是好！我每次听了都咯咯地笑。

外婆家的栀子花移植到我家的小院儿里，奶奶就像一个护花使者一样，每天按时为花浇水除草，现在没了奶奶的精心呵护，这株栀子花似乎也少了一些生气。

到了上学的年龄，父母总是很忙，没法送我，于是我就由奶奶负责接送。每次路上总会留下我和奶奶的欢声笑语。每每路上我都会唱上一曲"世上只有奶奶好"来消除奶奶的疲劳。"世上只有奶奶好，没奶奶的孩子像根草……"唱完后，我会问奶奶："奶奶，你还累吗？""不累，有我的乖孙给我唱歌，怎么会累呢？"我咯咯地笑，那笑声在宽阔的马路上空回荡。

奶奶病重时，在医院里嘱咐给大人许多事。她最放心不下的就是这个家，这可是她一辈子的心血呀！住院期间，奶奶还特地叫我把家中的钥匙装进她口袋里，说是有这把钥匙陪着，心里踏实很多，但奶奶却没能再用那枯黄、粗糙的手将带着体温的钥匙打开家里的那扇大门，她的脚也没能再踏入那个她操劳一生的家。

我没有了奶奶陪伴，也没机会帮奶奶穿针线了，也没有了奶奶送我上学的欢笑，更没有人听我唱自己改编的"新歌"了。

照片上的奶奶在冲着我微笑，那笑中有美好的祝愿，有快乐的回忆。看着照片上慈祥的奶奶，我的泪水不断涌出来。

生 命 之 树

毛宇琛

　　一棵树——一棵巨大的槐树，不知过了多少个春秋，它静静地立在大地上。

　　它的树干极粗，几个人才能合抱。粗糙的树皮，一片一片地翘起，仿佛跃动的龙鳞。片与片之间绽开着深深的裂纹，形成了一种生命的动感和升腾的活力。

　　它孤单地立在村头，村头是它的家。问大人，问老人，都不知其始于何年，也不知谁种下的。大家都说它已经很老很老，比他们爷爷的爷爷还老。

　　它那粗壮的身躯狠着劲地向苍穹拔去，越长越高，长啊长啊，它的枝丫越分越多，一枝分两枝，两枝分四枝，枝繁叶茂的它永远是那么挺拔和威严。春暖花开时，茂盛着的绿叶郁郁葱葱，枝枝叶叶穿插交错形成了巨大的伞盖，绿色的苍穹覆在半空中，四周的一切都绿茵茵的。无论有多大的风，它的枝干都如同铁铸的一般，威风凛凛，只有晃动一下的叶子证明了风的存在。

夏天，太阳炙烤着大地，那树荫下，却是一片阴凉。它那繁茂无比的顶盖，过滤掉了炽热的阳光，热浪被无情地挡在了树冠之外。人们闲暇时都喜欢来树下纳凉：老人们在树下下棋；女人们边话家常边翘首，盼望远去打工的亲人返回；孩子们绕树追逐嬉戏。小鸟在树叶间筑巢，鸣蝉在枝头嘶鸣，蜜蜂在枝间嘤嘤嗡嗡，小狗也不停地对着主人摇尾乞怜。大槐树下甚是热闹。

然而，有一天，一群穿着蓝色制服的人，跳下车，对着槐树指指点点。谁也没想到，树的命运从这一刻被改变！

蓝制服们随后大胆地在树旁插上了一块牌子："正在施工，请勿靠近！"一层层的警戒线包围了那棵巨大的槐树。

第二天，又是一群人到来，突突突的电锯声证明了他们的身份。

木屑漫天。

吱吱啦啦的声音是它最后的呻吟。它轰然倒下，在大地上留下了最后一声沉闷的巨响。

空白的地上，只留下了一截短短的树桩，年轮在耀眼的阳光下依稀可见，它向人们诉说着什么呢？

在细节中成长

成长喜悦

一花一世界，一叶一菩提。在记忆的长河中，我总能时常想起那一个个动人的细节，是它们陪伴着我一天天长大。

洗 袜 子

"妈妈，这袜子怎么洗呀，我怎么老是搓不干净呢？"我大声嚷嚷着。妈妈闻声放下手中的家务活走来。我本以为找到了大救星，却没想到妈妈说："自己的事情自己做，想办法，一定能洗干净。"我被这一盆冷水泼了个透心凉，正想抱怨，又一想：唉，干脆自己想办法洗吧，反正没人帮忙。都说洗衣粉是碱性，肥皂是酸性，不能同时使用洗衣粉和肥皂。而我用洗衣粉和肥皂块搅拌成"洗涤剂"，竟将袜子洗得很干净。我第一次从洗袜子的小小细节中受到启示，那就是：自己的事情自己做，说不定会有意想不到的收获呢。

坐 端 正

我写完作业，又主动写起了课外练习。这时，爸爸走过来了。我满以为爸爸会表扬我自觉主动，可他只是拍拍我的背，说："坐直了写，别因为做题把眼睛弄近视了，那可划不来。"在爸爸的要求下，我直起了后背。刚开始，我嫌麻烦，总想松松垮垮，可是妈妈也像爸爸一样时时监督着我，她和爸爸不一样的是，总是板着脸提醒我。慢慢地，我开始习惯了挺直腰板写字。爸爸问我这段时间腰板怎么挺得这么直，我笑着说："我长大了呗！"爸爸点点头，笑着说："对！儿子，男子汉就应该挺直腰板。"

轻 掩 门

不知从什么时候起，爸爸养成了一个习惯，在我睡觉后，轻轻进来看一眼，再轻轻关上门，很长时间我也没察觉。这些是我在一次被噩梦惊醒时发现的。我不明白为什么，爸爸告诉我，他是怕我蹬被子着凉，特意过来看看我，轻轻掩门是怕吵醒我。爸爸还说，轻掩门是对屋里人的尊重，使他人不受惊吓，更是一种细心和体贴。于是我便开始学着爸爸，轻轻地关门，轻轻地开门。

　　仔细观察，我发现爸爸妈妈总是很重视生活中一些小小的细节。现在，我终于明白了父母的良苦用心，他们不仅是用那一个个细节来关爱着我，更是在教育我，使我在不经意间，在潜移默化中一点点地成长。

云

李迎港

随着阵阵凉爽的秋风，天上的云奇妙地变幻着。

没有人知道它原来的形状：时而堆成一团棉花，挡住太阳的光芒；时而又变成千千万万山丘状，令人浮想联翩。没有人知道它原来的颜色：早晨，变为火红的朝霞；中午，微微泛着黄光；傍晚，又变成了金色的晚霞；倾盆大雨来临前，它变成了像幕布一般的黑色；当下起绵绵小雨的时候，它变成了像水泥一样的暗灰色。云的颜色就是这样，有时暗淡无光，有时又绚丽多彩，总让人猜不透。

云是自由自在的，漫无边际的，没有一个大框子能把它框住。它的变化又是无穷无尽的，有时变成一头大熊，在天空中张牙舞爪；有时变成一群群白色的绵羊，在天空中漫步；有时像变形金刚，手舞巨斧，在天空中嘶吼。一缕云像一条长蛇，在天空中弯弯曲曲盘绕着；一朵云像一匹骏马，在天空中驰骋着。

云有时会和我们开玩笑：人们看见满天乌云，以为要下雨了，出门便带上雨伞，但是过了一会儿，乌云散开了，露出了灿烂的阳光；人们看到太阳高高挂在天上，不以为会下雨，结果飘来几朵乌云，便淅淅沥沥地下起雨来。

云真是个高超的魔术师啊！

桂花树的思念

孙祎曼

曾经有人问我："你觉得最美好的时光是怎样的？"我犹豫了一会儿说："是有奶奶陪伴的日子。"小时候，我经常待在奶奶家，那时奶奶就是我最好的玩伴。奶奶家后院有一棵桂花树，每当桂花盛开的时候，奶奶就在树下摇，而我就在桂花雨中跳舞，奶奶会用桂花做成各种好吃的，我自然就更开心了。

上幼儿园、小学、中学，我越走越远，但桂花树下的美好时光仍令我牵念不已。奶奶也牵挂着我们，她时常会给我们送来一些自己种的蔬菜。有一回，她来了城里，在我做作业的时候，她蹒跚着来到我的房间，给我端来一盘水果，看着我写作业，又看不懂，就慢慢走出去，轻轻掩上门。看着奶奶苍老的背影，想起曾经精神矍铄的她，笑眯眯地捏着桂花糕的样子，我不禁潸然泪下。

中秋节到了，我和妈妈回到奶奶家，桂花落了一地。奶奶依旧那样忙，却不及以前利索。第二年，奶奶病了，而且病得很严重。2010年11月20日，这个让我终生难忘的日子，奶奶带着牵挂永远地离开了我们。之前，奶奶怕我担心，在临走前都不让爸爸妈妈告诉我。但就在那天，我好像察觉到了什么，下了学，我急急忙忙赶向奶奶家。秋天的傍晚寂静凄凉，鸦雀归巢，片片落叶在秋风吹拂中渐渐褪色。来到奶奶家，来到桂花树前，脑海里充满了儿时的情景，那舞蹈，那桂花雨，那会心的笑……

所有世事终将是一场空吗？不，奶奶会一直伴着我，会当我梦中的引路人。奶奶走了，桂花树砍了，但奶奶陪伴我的美好时光就像桂花的香，年年岁岁飘落我心。

小树与老伯

马文茹

　　我是一棵树，生长在青山绿水之间，在我的身旁有一片碧波荡漾的湖泊。

　　我也是一棵不太健康的树，经常生病，长得也不漂亮。但我生活在一个环境美好的地方，我很开心。

　　有一天，我正在和我的朋友们谈天说地，忽然来了一大批人，手里拿着锯子，把我朋友们的生命终结了。其中还包括我的爷爷，他经历了沧桑的岁月。不论是鸟语花香的春天，热情奔放的夏天，落叶纷飞的秋天或雪花飘落的冬天。他都以笑容面对，而现在，那些可恶的人却终结了他的生命，只留下了我们这些病快快的树，我心里有说不出的难过。

　　过了几个星期，有一位年迈的老人到我们的家园来，我想他肯定是来把我们砍去当柴烧。但他没有这样做，他背了一捆小树苗，手里拿着一个铁锹，他是来种树的，我又有小伙伴了。我心里升起了一丝丝暖意。

他费了好大力才把树种完，虽然他大汗淋漓，可我见他仍然很开心。我看着这些小树苗笔直地站在那里，我似乎看到原来的那片树林回来了。我的笑容回来了。

此后，老爷爷成了我这儿的常客，他经常来给我们这些病树及小树苗浇水、施肥，冬天将至，老爷爷给我们穿上了厚厚的棉袄。我心里感到无比温暖。

又一年夏天，老爷爷来了，随着时间的流逝，老爷爷已渐渐苍老。小树苗已经长成了参天大树。我注意到老爷爷的身旁多了一位可爱的孩子，我还听见他说，他们是这片森林的守护者，那个小孩认真地给我们浇水，回应着老爷爷。从此，我们又多了一位小主人。我竟然感动得哭了。

如今我还是那棵病恹恹的树，但我却是一棵开心的树。

秋雨·荷花

周志明

  清晨，天灰蒙蒙的。本已是凉爽的季节，但这半天不响的雷声给自己上了锁，只感觉压抑，低沉。

  怀揣着这份忧愁，我迈开脚步向着学校走去。心中的烦躁渐渐燃起；为什么连这个下雨天都不放过我！"嘣——"我一脚踢飞了脚下的石子。放眼看去，湖面上有两朵荷花。

  这两朵荷花自然不比刚入夏时，荷花的花瓣有些皱痕，张开的弧度也不饱满，像生了病的小姑娘，蔫掉了。花茎也有些弯曲，但是我想这根应该是够深的，不然怎么不见底？两朵荷花上有几片残瓣，互相挨着，像妈妈拥护着自己的小宝贝。

  雨滴开始落下，这"体质"是抵挡不过去的，我心里暗想，本来想走的脚步也停住了。我趴在栏杆上，撑起了伞。但世事难料，只见那残缺不堪的荷叶抵挡着雨滴的打击，随着雨势的增大，他们挨得更紧，像一把破伞守护着这两朵荷花。虽然荷叶一次次地低下头去，但那两朵荷花反而有了生机，伴着雨滴昂扬向上。

我有些感动了，没想到这已是残缺不堪的荷叶能够保护起那两朵荷花，它的坚强与执着正撞击我的心。我迈开了脚步，向着学校走去。雨还在下，但我的心却像晴朗的天空般明亮。

第二天，我又一次走在这条路上，我忍不住向湖边跑去，想看看那两朵荷花，可是它们已经凋谢了，即使再顽强的生命也抵挡不住时间的磨砺啊！但我心中不惋惜，因为那两朵荷花与那荷叶已深深埋在心中，我记住了那份美丽，更记住了他们的那分执着与坚强。

秋　天

张　帅

　　时光流转，炎热的夏天在蝉的哀鸣声中渐渐远去，凉爽的风儿拂过脸庞的那一刻，可爱的秋天终于来到了人间。

　　你看！装点了两个季节以后，小草累了。它们褪去了深绿色的外衣，披上了略显疲倦的黄色衣衫。枯干的茎叶被强劲的秋风吹得七零八落，但它却并不寂寞。你听！"嘤嘤……嘤嘤……"哦，原来是我们的艺术家蟋蟀在唱歌呢。枯败的野草丛，成了它们的乐园。它们三个一伙，五个一群，边歌边舞，俨然在举行盛大的秋之声音乐会呢！顽皮的蚂蚱们也来凑热闹了，这两只你追我赶地打闹着，那两只则抱在一起跳起了交谊舞……

　　你听！"轰隆隆……"远处的收割机也来为它们伴奏了，田野顿时热闹起来。

"沙啦啦，沙啦啦……"玉米叶高兴地鼓起了掌，被叶子遮住的玉米也不由得探出了硕大的脑袋，焦急地等待着颗粒归仓。"别忘了我！别忘了我！"地头上的几棵细长的高粱涨红了脸，羞涩地低垂着头，小声嘟囔着。附近地里的棉花也不甘示弱，将一个个又大又结实的桃子变成了一朵朵美丽的"小白云"，挂在枝头炫耀着……

　　春华秋实。不错的，春天开花，秋天就会结果。

　　你瞧！果园里迷人的花朵，早已被肥硕的果实代替了。淡淡的花香，也变成了浓郁的果香。半红半黄的苹果如一个个粉嫩的娃娃脸，在枝头上嬉笑着；青脸的梨儿不知道用了什么样的化妆品，几天工夫，就拥有了淡黄色的甚至雪白的皮肤。连原本面无血色的枣儿，也因秋天的到来变得热血沸腾了，它们隐在绿叶里，却不安分，你推我挤地笑着、闹着……

　　人声鼎沸，车水马龙之后，所有的果实都被采摘完了。没了人们的劳作声，秋虫们也都意兴阑珊，转眼间都销声匿迹了，田野里一片静谧。

　　"刷刷刷……"伴随着秋风，树上的叶子跳着欢快的华尔兹投入了大地母亲的怀抱。秋天恋恋不舍地渐渐淡出人们的视线……

最
美
的
风
景

那年的单车

李宏伟

　　散碎的阳光透过树隙，映在青石板铺成的古巷中。阳光晃眼，隐约映出那辆黑色的单车。

　　单车的轨迹绘制了我的童年曲线。那时的许多午后，父亲总习惯带着我出去兜风，在乡野小径上留下深深浅浅、弯弯曲曲的车痕。父亲骑着单车，总要路过一段古巷，暗灰色的青砖给古巷罩上一层静谧安宁的气息。在那又狭又长的巷子里，久久回荡着我们的嬉笑声。

　　我和父亲常去的地方是那片繁密的林子，那片承载了我童年梦幻与憧憬的绚烂的林子。我喜欢伏在父亲宽厚的背上，捕捉父亲背上摇曳的光斑，沉浸在夏日的甜美中。那时正值仲夏，茉莉花香萦绕在单车踏板上，也萦绕在心田，挥之不去。霞光蔓延到夕阳西下，我还醉在那片林中。

那年的单车，带着近乎安详的温暖。我说那是我的专属。但父亲说，那辆车带着独有的味道，是他甜蜜的回忆。语毕，父亲的脸颊上便会漾起动人的神采，这时，我望见母亲的眼眸里含着几分羞意。也许吧，在某个明媚的街角，父亲骑着那辆车邂逅了爱情。不禁轻笑，真是一场最美的巧遇。

　　岁月将那辆单车搁置在我的记忆里，搁置在母亲的记忆里，直到它历经时光的沧桑，染上了古老的颜色，沉寂着。单车没了油彩，但有父亲的爱为它添上圈圈光晕。就这样在日光下回想，那时，明澈碧蓝的天空，恰到好处的温度，为那年的单车抹上迷人的色调。

你是我兄弟

张　纲

不忍分离，终将别去。

当我写着这些文字时，回忆如墨汁在纸上洇开：我最挚念的朋友。

汪伦，你可曾忆起那个桃花飞旋的春季。那年春天，我与你相见恨晚，湖岸饮酒，是多么豪放，然而你管那叫酒脱。你的哲思宛若纷飞的繁花，夹藏在我的心田里。为了我们的一见如故，我放慢脚步，停驻。

次年春天，桃花争艳，我本想再和你一同领略融融春日的暖意，可我却绷不住远行的念头。当我决定离去，而你的盛情难却，最后一次潇洒。我还记得你说等我归来饮酒。

对不起，我怕惊扰你，于是我决定不带走一丝留恋，去实现我的抱负。那日清晨，我与船夫交谈时忽然瞥见一个身影，是你，你追来怨道："太白，你不够意思。"朋友啊，我怎舍分别呢？但你是懂得李白的。独走天涯，唯愿君安！

　　"兄弟，你真的要走吗？"是啊，我真的要走吗？坚定的是我的信念，一言既出，驷马难追，我是一个守信的大丈夫！"你要保重！"我会的，会将你的那一片情义加倍珍惜。

　　我乘上小船，准备远行。"兄弟，保重！"听到你那深情的呼喊，纵然心头有千般不舍，还是强忍泪水，与你挥手作别。你可知道我在心里念了一千遍，一万遍的"兄弟"吗？桃花潭水也有续不上的情义，你是我的兄弟，此生不变。

笑　颜

叶小琦

　　以为在风里长大，是一瞬间的事，直到冬阳暖人心。

　　藤椅上鹅绒的毛毯，带着独有的淡香。年轻的妇人坐着，不时停下手中的针线活，温柔地望着膝头的孩子——那个总爱趴在母亲膝上的我。

　　大概是八年前的光景。日光总使我昏昏欲睡。正是这样，也为我依赖着母亲套上了一个冠冕堂皇的理由，以至于母亲时常与人抱怨，说我太黏人。但每每瞥见母亲嘴角那抹熟稔的笑，便明白，嗔怪的背面是幸福。

　　还记得，六岁那年的冬天，雪纷纷扬扬飘了三天。地处江南，家里没有取暖设施是很平常的，但那一年冷得不平常。每到午后，我总会拿出一个小板凳坐着，母亲习惯性地坐在藤椅上，晒着太阳，织着毛衣，融进雪色。在我的回忆里，这是专属于我的温暖而宁静的午后。

那段时光很美，现在，当晒太阳也近乎是一种奢侈后，我就更执着地想念童年那午后的光线，母亲手中轻盈翻飞的毛衣针，还有那个伏在母亲膝头发呆的孩子。现时生活中似乎只剩下母亲动人的笑颜。

　　今天，正当我准备好好享受冬阳的温暖时，竟惊讶地发现母亲睡着了，在那张藤椅上，像个孩子般蜷缩着。她的头靠在椅背上，嘴角挂着微微的笑意，再走近点，我甚至可以听见母亲的呼吸声，缓慢且均匀。此情此景，仿佛昔日重来，我愣在那里好一阵。岁月毕竟会留下痕迹，母亲的眼角已出现细细的鱼尾纹，不变的是母亲依旧干净明澈的笑。

　　起了风，我从屋子里捧出毛毯，轻轻为母亲盖在身上。然后，坐在小凳上，趴在母亲膝前，静静守护着这不曾改变的如阳光般温暖安详的笑。

秋日的阳光

秋日的阳光

赵玉莉

青砖，白瓦。我正梦呓着，却被晨光扰乱思绪，秋日的阳光格外珍稀，从矮墙砖头缝隙中投射进来，斑驳了整片心房。

"好冷啊！"刚推开窗子，就有丝丝凉意蔓延。"衣服多添几件，赶紧把外套披上。"老妈又催我起床，又喊我穿衣，把我当长不大的娃娃看。真是有损尊严啊！我在心里暗想，嘴上却轻描淡写地答道："好的。"

刚刚完成指示，过会儿又下了"军令"："赶紧去写作业！"我还想享受秋日暖阳呢，没想到妈妈又打破了我的愿望。我只好起身挪步到书桌旁，开始了漫无休止的"题海"大战，心中依旧牵挂着那青砖，白瓦。

攻下难题却没有一点儿成就感，因为我的元神早已抽离，它正骑着我精神的骏马驰骋于千里之外。"作业做得怎么样了？"不知何时，妈妈竟伏在我身旁。"那个……呃……差不多了。"我被问得有些不知所措。"快点儿写啊！"妈妈说完便拉上房门，悄悄出去了。小屋内只剩我，好静。我将一张又一张的草稿纸揉成纸团，又突发奇想将其一张一张拆开，折成纸飞机将作业题淹没。

又一阵"锅碗瓢盆协奏曲"在我耳畔响起，哦，原来妈妈又在忙活了。我不觉加快了写作业的速度，只为了赶紧出门收集阳光。

"这碗银耳给你喝，最近天气干燥，润润肺吧！"妈妈端上一碗银耳汤，我忽然想起前几天电视里一个养生节目介绍过银耳。我暂时将作业搁置一旁，舀起一勺，*丝丝爽滑润我肺腑*。一团团热气沿着碗沿上升，阳光也溢满心头。

在那青砖白瓦的小院里，秋光萦绕。回头望那白墙越来越矮，轮廓也越来越模糊，但这一路我并不孤独，因为我有爱的陪伴。

是谁绑住了你的飞翔

江紫仪

很多个夜晚，我在白炽灯下埋首学习，头顶上是乱飞乱撞的小飞虫。这是一种绿色翅膀的虫子，它们能发出刺鼻的臭味，让我困意全无。

我喜欢的是菜粉蝶。走在乡间的小路上，这些蝶儿们，总爱在人的两脚间翩翩飞舞。它们看起来轻盈又自在，可得当心了，若踩着一只，碰破了它的翅膀，它就再也飞不起来了。

初秋的傍晚，我望着满天飞舞的蜻蜓，心中起了贪念。一只红蜻蜓停在竹竿顶部，翅膀上点缀着明晃晃的阳光。多么美丽的翅膀！衬着红背脊，格外抢眼。于是我举着小网子，追着蜻蜓扑上扑下，一会儿就逮到很多，然后系上蓝绳子，蜻蜓们只是扑腾两下，就蔫了，乖乖就范。

金龟子就不一样了。一天，母亲神秘地紧握着手回家，让我去找细棉线绳。她慢慢地摊开手掌，原来是只金龟子。母亲用线绳绑住了金龟子，将它置于掌心，金龟子合拢的翅膀，使它整个身体显得圆鼓鼓的，反射出光碟表面那样的缤纷色彩，但若粗略看，也只有水藻一样的深绿色罢了。我将这只金龟子系在木桩上，让我惊叹的事情发生了——它拼命地扇动着翅膀欲飞，细棉线被这个小生命扯得笔直。结果是，它挣不脱棉线的束缚，重重地摔在地上。可过了一会儿，它又奋力地往前飞，几秒钟后，又摔一次。就这样，两次不行就三次，三次不行就四次。次次试飞，次次紧扣着我的心弦。这时我才发现这只无辜的小虫子是多么惹人爱，阳光浮在翅膀上发出斑斓的光彩——我被彻底征服了，解开绳扣。金龟子在我眼前跌跌撞撞飞了一会儿，便消失在草丛里。

菜粉蝶和那些不知名的小虫子，虽懵懂，却自由。金龟子在我的绳扣下，没有一刻停歇它的重飞行动，最终也重获自由。那些红蜻蜓，它们不美丽吗？它们不想在天空中自在地飞翔吗？

夜晚，我闭上眼，又看见那被线绳绑住的红蜻蜓，似乎绝望地看着天空中飞翔的同伴。而那只从未言败的金龟子，愈飞愈高，满耳是它呼啦啦的歌唱——是谁绑住了你的翅膀，是谁绑住了你的飞翔？

小鸡出壳记

周陈超

　　"叽叽，叽叽叽——"这是我奶奶邻居家刚出壳的小鸡那稚嫩的叫声。

　　七岁那年，我住在奶奶家。一天早晨，我和往常一样吃了个面包，才喝了几口粥，小伙伴就叫我去看小鸡仔的出生，我迫不及待地推开饭碗，就跟上他们跑了。

　　我和小伙伴蹲在鸡窝旁边，等待观察小鸡破壳而出的时刻。这个小房屋可真是特别呀，屋顶是用软稻草苫盖的，尖锥形，还可以防雨呢！那天正下着小雨，小雨"叮咚叮咚"地打在锥形的小房顶上，小雨点儿仿佛不愿意在屋顶上停留似的，一个个圆溜溜的小身体拼了命地向下滑。小鸡们还在蛋中安稳地睡着觉呢，我们的到来似乎没给母鸡带来什么惊吓，它正静一只眼闭一只眼地孵蛋呢，好像我们不存在似的。突然，我听见轻微的"咔嚓，咔嚓"声，仔细听才明白是小鸡蛋壳在破裂，我们在一边静静地等待着。

鸡蛋壳一点点向上移动着，几根湿湿的羽毛露了出来。过了许久之后，我们可以看见小鸡仔的脑袋了，那可爱的黑豆眼睛望了望我们，"叽叽"叫着，仿佛在说："妈妈，这两个家伙是谁呀？"一会儿过后，小鸡仔勇敢地踏破了蛋壳费力地爬了出来。我们轻呼："小鸡仔终于出来了！"接着，剩下的几个蛋也都裂开了，一只只惹人爱的小鸡仔陆续从蛋壳中钻出来。可是只有在鸡窝最里面的一颗蛋，壳裂开了，小鸡却还没出来，这下把我们急坏了，便开始"帮忙"，硬把小鸡从蛋壳中拉了出来。正当我们欢呼时，却发现从我们手中救出的小鸡死去了。后来奶奶告诉我们，小鸡要自己出壳才能活。这让我们十分后悔。

后来学了更多的知识，我才渐渐明白了，生命是个自然的过程，"揠苗助长"只能越帮越忙。

山 中 一 夜

柴晓菡

当深山向我敞开怀抱，夜幕也在悄然降临。一次与山之夜的亲密接触，就此拉开帷幕……

太阳开始下沉时，光明就开始向四周退场，白日退出了舞台，而隐匿的黑暗则从各个角落、缝隙里，生长蔓延开来，扩散到了夜的中央。

山硕大的阴影如一张大网自天而降，笼罩了一切。夜，就此开始。

山路崎岖，时隐时现，像一个人的心事。

鸟儿们的踪迹被夜宽大的袍袖抹得干干净净，那些影影绰绰的树们一棵棵伫立在黑影里，开始了沉思。那些觅食的动物各自归巢，几声虫鸣泛起，更增添了夜的温润。原来，山褪去了白日里的热闹，竟活脱出这样的恬静与清新。面对着这处子般鲜润的黑暗，我竟有了一种特别的感动，身上渐渐泛起新鲜的暖意。

热浪席卷着一切喧嚣而去，取而代之的是山之夜特有的清凉与母性般温柔的风。我趴在帐篷里，感受着这与山之夜的亲密接触。

月亮从山脚爬上来，高高地挂在山脊之上，把丝绸一般的月光层层倾下，似与夜环上一圈轻罗纱，使夜的身姿更加神秘、曼妙。夜色深沉，几颗寥落的星星在微微抖动着，像是耐不住这微冷的天气。

我轻轻走出帐篷，不由得放慢了脚步，生怕打扰了万物的休息抑或万物之外的安乐。夜遮掩了一切，正如冬天里的雪掩盖了地面上的荒芜与杂乱，但我却分明听到了叹息声。

嘘！听——这叹息！是山在叹息，它在叹息什么？是因为白日里游人如织、人满为患让你疲乏劳累？是因为商业因素让你远离了真正的自然而伤感满怀？还是因为这满地垃圾让你厌恶和无奈？

夜无言，山不语，各自在微微西斜的月亮下静默着。天空一点一点被浅蓝色稀释，露水已在孕育自己饱满晶莹的身躯。晨光熹微，我披着满身的清辉，裹挟着山之夜特有的气息，匆匆走在下山的路上。

山脚下，人头攒动，新的一天又要开启。

宽　容

王昊宇

课间休息时间，我正写着老师布置的课后作业，同桌貌似写完了，在和其他的同学嬉戏打闹，玩得正开心，一不留神，碰到我的右手臂，可以想象得到，那一碰，造成了作业本上五厘米的弧线。同桌连声说对不起，我看着那刺眼的弧线，心里恨恨地想：肯定是故意的，害得我作业"毁容"。哼，你等着看吧！我想到了一个"复仇计划"。

第二天，我也趁他写作业时，装作无意，撞了他的右手臂一下，他的作业本上就出现了一条更长的"痕迹"。我心里暗自得意，也赶紧假装道歉："对不起，我不是故意的。"他摇摇头，表示自己并不生气。我得意极了，心想：一报还一报，我的复仇计划成功了。可是过了一会儿，我心里却有一种说不出来的滋味。不知为什么，怎么也高兴不起来。

　　再看看同桌，他好像已经完全忘了刚才发生的一切，正埋头做着自己的题，没有任何抱怨。我有些纳闷，问他："你为什么不生气？那条线被划得那么长，不好擦掉。"他微微一笑，说："我为什么要生气？你又不是故意的。再说，就算你是故意的，已经划上去了，生气也解决不了问题。有生气的这点时间，不如做点别的有意义的事。"听到这，我的脸更红了。是啊！我怎么就没有这么大度呢？还浪费了那么长的时间来实施"复仇计划"，就算成功了，也并不开心呀。我后悔莫及。

　　原来，宽容他人可以使自己快乐，而怨恨、计较、报复带给自己的只有坏心情。我们为什么不选择宽容而放弃怨恨呢？

家乡的板栗

朱　弈

　　板栗在家乡是一种常见的植物，一般在五月开花。它没有花瓣，只有毛茸茸的长条，像一根根绒线，嫩白的，顶部有个嫩黄的小点。近处看，像"金针菇"。远望去，像花的海洋。在朝霞的映照下，那银色的花蕾，犹如从天上洒下的一串串银珠，高高地垂挂在树梢上。

　　不久，花谢了，长出了栗苞。板栗的栗苞跟花盆里栽的小仙人球差不多，圆而多刺。那一个个像小刺猬似的绿莹莹的板栗刺儿球挂在枝头上。看了就叫人手痒痒的，总想打下一个尝尝。可这时的板栗太嫩太嫩，只有淘气的孩子会偷摘一个先尝尝鲜。

　　八月份左右，栗苞在人们的期盼中由绿变黄，并相继裂开嘴儿。风一吹，乌黑发亮熟透的板栗果就从栗苞中掉下来，转眼间钻进厚厚的落叶层里没有了影儿。板栗成熟后，穿着深红的皮袄，挺起圆溜溜的大肚子，邀三五好友，躲在浑身是刺的房子里聊天休闲，既安全又舒适，一举两得。

再过一个月，圆圆的板栗球挂满枝头，这时人们总会背起工具去打板栗。偶尔有几个小孩儿，趁着大人们正在忙碌，准备剥开板栗球大饱口福。结果刺却伤了手，一脚把板栗球踢得老远，愤愤地骂着，仿佛有深仇大恨。然而过了一会儿，又去求着大人把板栗球剥开，惹得大人们哈哈大笑。

板栗营养价值丰富。比普通水果含有更高的营养，中医说它是"肾之果"，在国外被誉为"人参果"。栗子中含有丰富的不饱和脂肪酸、多种维生素和矿物质，有益于人体健康。

如果你看了我的介绍感到嘴馋了，就请来我的家乡尝一尝美味的板栗吧！

我们的母校

樊正逸

　　我们的家乡金坛，那可是大名鼎鼎的数学家华罗庚的故乡，而华罗庚先生的母校——金坛县中学，正是华罗庚实验学校的前身，所以华罗庚实验学校自然是故乡的招牌风景啰！

　　华罗庚实验学校南面被城南风景区半壁环绕，那儿风景秀丽，北面则是金坛的市中心，大型的购物广场、小吃、影院、外贸商店，令人眼花缭乱。每到华灯初上，热闹非凡。而学校的西面呢，一条丹金漕河如绿丝带般轻柔环绕，河面视野开阔，不时有轮船来往行驶，别有一番情趣。置身于这样的环境，怎能说学校不是一块风水宝地呢？

　　走近学校的南大门，"华罗庚实验学校"七个大字由著名科学家王元所题，颇具大家风范的行楷，在阳光下光彩熠熠。刚步入校门，一块圆润光滑的"巨石"赫然在目，上面清晰地镌刻着：这里是你梦开始的地方。四周被青翠的迎春花叶环绕，散发出淡淡的清香，显得生机勃勃，仿佛要给来这儿学习的孩子们以一整天的好心情。远远望去，教学楼向内不断延伸，挺拔而高大，以红白为主色调的墙壁显得简洁明快而又不失活泼欢快的气氛。第一教学楼正中央和蔼可亲的华老的头像，仿佛在向同学们提出善意的关切，并激励着一代代的学子去感悟，去实践，去懂得："勤能补拙是良训，一分辛苦一分才。"

沿着学校西边的小路向前走，四周的草坪青翠欲滴，修剪得整整齐齐。它们沐浴着阳光雨露，茁壮成长，像生龙活虎的学生。拐角处便是操场。火红的塑胶跑道上不时有同学在努力奔跑，他们的身影不断向前，前进，缩小，渐渐只剩下一个个小小的背影，他们向着终点冲刺，他们在努力拼搏的同时也在张扬着青春。操场的中央是翠绿的草坪，摇身一变由跑步训练营成了足球天地。好一个集功能性、美观性于一身的操场！操场的西侧是一座看台，每年的校运会期间，这儿都热闹非凡，而且每周一的升旗仪式，老师、同学们都要站在操场上举行庄严的升旗仪式。

走出操场，沿着鹅卵石小路穿梭于教学楼之间，感受那份独特的静谧与美好。微风袭来，闭上双眼，路两旁的玉兰树送来淡淡的清香。向左拐去，穿过一段大厅，前方不远处就可以看到学校的北大门了。

伫立厅前，又惊喜地发现，厅前大花坛中的冬青不知什么时候已换上了红绿双色的衣装。莫非是秋风闲暇时为它们染了色？抑或是为它们捎来了一件新织的毛衣？

呵，学校一片秋意盎然，作为学校莘莘学子里的一员，望着教室明亮的玻璃窗，色彩缤纷的校园，我情不自禁地感慨：早安，华罗庚实验学校；早安，咱们金坛的人才摇篮！

人生的财富

戴婉丽

人生的财富是什么？当人们拼命挣钱，拼命追求优越的物质条件时，我不禁想，人生的财富是金钱吗？而我看到那一家人后，我的内心深处有了一个明确的答案。

那是由四个人组成的家庭，爸爸、妈妈和一对姐妹，他们家的全部经济来源都靠一个卖菜的摊位。他们衣着落伍却干净，他们的摊位简小却丰富，他们的生活贫穷却快乐。

每天早上，那位父亲总是带着大包小包来到摊位，哼着歌把菜摆好，又拿出几个凳子放在摊位前，边锻炼身体边等顾客来买菜。过了一段时间，母亲就会带着两个孩子来找她们的爸爸，一路上妈妈和她们说说笑笑，路人们见到她们都会笑着打招呼。小女儿见到爸爸后，就边叫着爸爸边向爸爸跑去，然后跳到爸爸怀里，大女儿和妈妈说说笑笑地走过去，这时阳光就变得格外明媚，笑容也变得格外灿烂。那一刻，我发现了他们的财富。

等家人都到齐了，那位父亲就会从包里拿出一个掉了皮的足球，然后一家人比赛踢足球，他们聚精会神地看着足球在地面上滚来滚去。足球出现在小女儿的脚下，只见小女儿握紧拳头，右脚向后微微抬起，用尽全身力气将足球踢飞，却不料她的鞋也随足球一起飞了出去，一家人立刻哈哈大笑，路人们听到笑声后惊讶地看着他们，等他们看到小女儿用一脚跳来跳去时也不禁开怀大笑。望着这一家人的笑容，我们的心情也变得轻松起来。那一刻，我发现了他们的财富。

有一次我随家人去医院探望病人，在医院里发现那位父亲抱着小女儿坐在椅子上，原来是小女儿发烧，爸爸带她来医院看病。父亲温柔地看着女儿，说轻松的话哄女儿开心，但依然可以感觉到他的忧虑。他摸着女儿的额头，眼眶里仿佛有眼泪在打转，他承担的痛苦肯定是女儿的十倍、百倍。但当女儿看着他时，他总是露出一丝笑容对女儿。那一刻，我发现了他们的财富。

我对那个家庭始终有一份敬意，他们用爱汇成的港湾是多少人梦寐以求却不曾享受过的，这种幸福本是每个人都可以拥有的，只不过人们有时不明白，人生的财富不只是金钱，还有亲情，还有一个充满爱的世界。

明　亮

龚欣语

褪去严冬的寒冷，不知是哪个熏风习习的日子，花儿竟悄悄绽放出花骨朵儿。我才察觉好久没有出去看看了。

昔日毫无生机的土地开满了油菜花，走在油菜田中，两旁像立起的绿色围墙，给人一种舒坦、幽深之感。忽然又一只白色的蝴蝶翩翩而来，引领着我向前走。记得有人说过："蝴蝶是为了展示它们的美，它原本只是蝴蝶，是我们把自己的心装进了它们小小的身体，这世界于是变得很可爱，很多情。"我本来那被冬天的冷漠所包围的心情，忽然被眼前这只蝴蝶带进了春天。

不久，映入我眼帘的是一簇簇不知名的野花，像眼睛，像星星，冲着我眨眼睛。我看着这一朵朵花儿争奇斗艳，竞相开放，处处洋溢着春的气息。我仿佛听清了所有的声音，再低头看着河中的小鱼游来游去，还有树上小鸟叽叽喳喳地叫着，这一切是多么熟悉又陌生呀！那花开的声音，慢慢的轻轻的，似乎又饱含艰辛，又深藏成功的喜悦！那小鱼游动的声音，缓缓的柔柔的，给人暖洋洋的感觉。我沐浴着春天的阳光，那些冬天所积累下的不快和慵懒全都一散而过。城市的浮华喧嚣也都不再回来。是呀，我们何不停下忙碌的脚步，看看天上云卷云舒，人间花开花落呢？去感受自然，去追寻自然，感悟人生当中的至真至美，倾听心灵花开的声音。

记得有人说过："那么多细小的机会，需要你去体会，去发现，去察觉。明亮，会拒绝少年们故作的忧伤。我们已没有那么多时间，让生命陷落在自造的灰暗中。"

常常想象，自己是一只明亮的浆果，挂在阳光铺满的山坡。

灯，亮了

张紫微

已整整六年，小区的灯一直亮着。即使它的灯杆生了锈，它依然挺立着，如同站岗的士兵，坚守在自己的岗位。

那还是在2007年时，我们河西区紫金北里小区有人捐赠了两盏太阳能灯。这两盏灯为我们楼群间的道路增添了光明。大家交口称赞：为社区安装太阳能灯的人，给我们做了一件大善事。人们都称赞太阳能灯为生活提供了方便，更节能环保。天津电视台还报道了此事，那时我还在小学上一年级。

社区里的爷爷奶奶们互相打听，是谁给社区带来了光明？

通过聊天才得知，为方便大家夜间行走的安灯人，竟是位年逾古稀的老人，但他看上去精力充沛，充满活力。

听着他们的议论，我无比自豪，因为那位老人就是我的姥爷。

姥爷也常去小区花园运动、休闲，看着自己为社区的老人、孩童们活动的中心区安装的太阳能灯，他的脸上会露出欣慰的笑容。自己为生活了几十年的小区做了点贡献，虽然说不上丰功伟绩，但至少让大家在夜晚出来活动时有了光亮，特别是老人和孩子们在夜晚活动时更安全了。

姥爷今年七十四岁了，由于眼底出血，患上了白内障，几乎失明。幸好遇上品德高尚、医术精湛的大夫，通过手术，姥爷恢复了视力，眼睛也亮了。有时我会这么想，这世间的事似乎存在着奇妙的联系，姥爷给大家带来光明，老天也回报他一双明亮的眼睛。

在姥爷住院巩固治疗期间，看到医院的大院缺少路灯，出入的车辆和就诊的人们不方便，他主动和医院领导说出自己的想法，为医院大院安装两盏太阳能灯。过了几天，在专业人员的配合下，太阳能灯被及时地安装在医院重要的地方，医院大院的夜晚更加明亮了，姥爷的脸上又露出了欣慰的笑容，他又做了一件为大家称赞的大善事。

我走在回家的路上，走近路灯，看到自己的身影慢慢变短，回望身后，又看到身影被渐渐拉长。再看那盏灯，它依旧默默地亮着。

我的狗尾草情结

高　红

狗尾草，顾名思义，就是像狗尾巴一样的草，乡村田野里遍地都是。当一阵风吹过，一片一片的狗尾草便像绿色的麦浪一样在这田野里上下起伏，是最美不过的风景了。

小时候，因为喜欢邻居家的小狗，所以看到狗尾草便很喜欢这种毛茸茸的植物，就采了很多拿回家，奶奶便用这些狗尾草给我编出了兔子、小狗等一些小动物，我偎在她的怀里，学着她。在奶奶家度过了五年美好时光，过完春节的一天，妈妈把我接到另一个城市，那里只有宽阔的柏油路，没有那遍地的狗尾草，也没有奶奶。

立春了，第一缕春天的阳光透过满是灰尘的玻璃，射在一个灰暗潮湿的小角落里，给了我无尽的遐想：奶奶那里的狗尾草也应该发芽了吧，小伙伴也在田野里玩。拿起镜子，镜子把一个满脸泪水的小女孩儿丢给我。我对自己说："睡觉吧，或许还可以梦到那里呢。"

之后的日子里，我走遍城市的大街小巷，终于找到了一片狗尾草，但原来的感觉去哪了呢？我能做的只是摘一大把狗尾草放在床头的花瓶里。

转眼，已过了六年。这年，爸爸上班的工厂破产，只能带我回老家。奶奶还是与几年前一样搬个小椅子在自己门口与邻居聊天。我一放下东西，便来到魂牵梦萦的田野，深深吸一口新鲜的、带有青草味的空气，啊！这里的一切还是那么美好！现在的我，每个星期都回老家，因为那里不仅有一片美丽的狗尾草，更有奶奶对我的爱。

难忘的瞬间

施天任

瞬间——多么短暂的一刹那!

然而,我们的生命,人类的历史,甚至宇宙的衍生运行,不就是由一个个不起眼的"瞬间"组成的吗?对于平凡的我们而言,一个个难忘的瞬间,就如点滴之水,渐渐汇聚起记忆的细流。

每当打开电脑中的"照片资料"文件夹时,我总会看看我小学毕业那天的留影,回忆起那个具有特别纪念意义的日子。值得一提的是,那天我还和好朋友王子琪一起,跟我一向敬爱的顾校长合了影。那一刻灿烂的笑容和内心满满的感动,定格成了难忘的瞬间。

时光倒流回2012年的6月28日。我们全体毕业班师生齐聚市一中报告大厅,举行毕业典礼。一个个精彩的节目展现着少年时代的活泼与天真。好像只一会儿工夫,就要发毕业证书了。大家穿齐博士服，戴上博士帽，站起身，恭恭敬敬地从校长们手中接过金边点缀的毕业证书。我心里很激动，六年来每一个难忘的瞬间一一从脑海里闪过……接着，我们开始给老师和校长献花——红的、白的、紫的，玫瑰花、百合花、康乃馨，庄重安静的报告厅顿时成了百花盛开的园子，依依惜别的气氛弥漫在大厅里。

毕业典礼结束了，学生们陆续离开报告厅，有的互相道别，有的与老师、同学结伴走出大门。爸爸眼尖，在黑压压的人群里发现了手中捧满鲜花的顾校长，就连忙赶了过去。"顾校长，留步，留步——"他边跑边喊。顾校长赶忙停下，问明情况。原来，爸爸想让我在毕业前能和她一起合个影，以作纪念。顾校长挺热情，笑眯眯地对我说："小帅哥，来，站这儿。"说着，把我拉到她边上。我们站在舞台边，我只觉得心怦怦直跳，因为头一次和校长挨得这么近，难免有点紧张。正要拍呢，我的好友王子琪从边上经过，被爸爸一把拉住："两个好朋友一起拍！"王子琪是古灵精怪的典范，一看就明白是怎么一回事儿了，笑道："啊哈！三个'眼镜'一起拍照，新鲜！"我们都被逗乐了。

爸爸手按快门，"咔嚓"一声，这难忘的瞬间就永远定格了下来。临分别时，顾校长对我说："天任，到了中学，你可要好好学习哦！"我认真地点了点头。

现在，距离小学毕业已经很久了，但我只要有空，还是喜欢看看那天的照片，尤其是这张合影。我发现，照片上的我和王子琪笑得还是有点羞涩，我俩都是抿着嘴的。再看顾校长，一头短发，气质端庄，脸上的笑容比往常更灿烂，更美丽。

这难忘的一瞬间，凝聚着顾校长对我的期待和勉励。而顾校长那温和如春风般的微笑，也将永远留在我的心里，鼓励我奋发学习，不断超越自己。

风筝，风筝

张雅涵

　　一只，两只风筝，在碧蓝的空中，自由地飘摇，欢快地舞蹈。

　　我仰望着风筝，它飞得好高好高，仿佛要贴近云朵，追赶太阳。我也要放风筝！我跑进房间，拽住爸爸的手，拼命把他往屋外拉："爸爸，我想放风筝！好多人都在放呢。"爸爸不耐烦地推开我："放什么风筝！作业做完了吗？马上要毕业考试了呢，你怎么还有心思想这些！"

　　我失落地趴在窗台上，无奈地瞅着窗外的风筝，白云变成了花朵，那只蝴蝶风筝在花丛中翩翩起舞。

　　风筝，风筝，

　　你带着我的童心，

　　带着我的梦想，

　　渐飞渐远。

我轻轻地抚摩着以前爷爷送给我的小燕子风筝，它那么精致、漂亮，那么乖巧、可爱，活灵活现的，好像一松手就会飞起来。我拿着小燕子风筝开始在房间里奔跑，我一边跑，一边放线，可风筝却像一个不会走路的孩子，在房间的四壁上磕磕碰碰，栽落下来。

　　风筝，风筝，

　　是什么把你困住？

　　是什么使你失去了活力？

　　"孩子，该背诗了。"妈妈拿着《唐诗三百首》进来了，"先背王维的《相思》吧。"我不禁脱口而出："风筝生南国，春来发几枝……""你这孩子，都在想些什么！"妈妈很不高兴地打断了我，"发烧了吗？满脑子都是风筝。"

　　风筝，风筝，

　　是你占据了我的脑海，

　　是你控制了我的思维。

　　我拿起彩笔，开始在墙上画风筝，画可爱的小燕子风筝，画美丽的蝴蝶风筝……它们的眼睛都向着窗外，我知道它渴望自由地翱翔。画累了，我躺在床上昏昏沉沉地睡着了。"哈哈哈……好高啊！"我正在草地上放风筝，我手拉着线，飞快地奔跑着，我的风筝在空中尽情地飞呀飞呀，飞过了云朵，追赶着太阳。突然，"咔嚓"，我手一松，风筝飞走了，我从梦中惊醒过来。

风筝，风筝，

我只在梦里，

才能与你相嬉，

与你同乐。

"天啊！你在干什么？居然在墙上画了这么多风筝！"原来是爸爸进来了，看到满墙的风筝，他满脸惊奇，"你真的那么想放风筝吗？""是啊，是啊！"我一骨碌爬起来，急急地说。"那好，我们去放风筝吧。""耶！太好了！"草地上，我手拉着线，风一样地奔跑着，爸爸托着风筝的手顺势松开。"风筝飞起来了！风筝飞起来了！"我兴奋得手舞足蹈。风筝越飞越高，越飞越高，飞向那云朵，追赶着太阳。

风筝，风筝，

你载回了我的童心，

为我带来了欢乐。

收　获

李思源

谁说大自然没有感情？当你走进它，触摸它，它会让你收获许多……

落花杳杳，竹影绰绰，我又一次走近你，向你讲述内心的喜悦与忧愁。你依旧温柔地抚摩着我，如同我第一次走进你。

那天，一个阳光明媚的日子，但这一切在我眼中全是讽刺与嘲笑。同学们三三两两结伴而行，我却孤独地走在小路上，影子被夕阳拉得很长。书包里那张惨不忍睹的试卷上还残留着我的泪水。回到家，无奈地告诉了爸爸妈妈我的分数，看着他们失望的眼神，我痛苦地跑出家躲进了家后面的一片枫林。泪水接连不断地掉下来，我实在受不了这残酷的现实。

微风轻拂，拭去我的泪水，如同温柔的慈母。我抬起头，却被周围的美丽景色给惊呆了：落日熔金，夕阳中你娉娉婷婷，身着美丽的花裙子。在你的怀中，一切的一切都那么美好，那么和谐，我看见一只野兔安详地在草丛中沉睡，我看见一片绿荫在为娇嫩的鲜花遮阳，我看见鱼儿悠闲地在水中游动。看着眼前的一切，我的心慢慢平静。你让我收获了平和的心境和处事的淡然。

忽然，我看见了一棵残缺的古树，它扭曲的身体显然曾遭受过风雨的洗礼，抚摸着它断裂的枝干，上面布满随时砸出的沟沟壑壑，然而枝头却依然顽强地生长着翠绿的树叶，那一抹抹跳动的新绿仿佛在嘲笑着那些伤痕。看这棵古树，我的双眼湿润了。对于树来说，它得忍受风雨的摧残、虫子的啃咬，才能长成参天古树。然而在经历了沧桑后，它依旧生机勃勃地生长着，不惧怕一切。而我，遇到了这么一件微不足道的事却在抱怨，这不是太不值得了么？

我重新抬起头仰望这片枫林，心中又恢复了勇气。即使此时是萧瑟的秋，一草一木却都展示着无限的生命力。谢谢你，我挚爱的大自然，是你让我收获了平和的心境，处事的淡然，更重要的，是你让我收获了与困难顽强奋斗的毅力与勇气！树在风中摇曳，发出沙沙的声音，这是你的微笑吧。我迈着坚定的步伐走出了枫林……

如今，我又坐在你的怀中，感谢你让我收获了那么多，我永远也不会忘记那天，那些美丽的生物，尤其是那棵古树。

麦田里的耕种者

周莉英

一群群大雁划过一道道完美的弧度，掠过我头顶的天空，飞向远方。站在田埂上，望着四周一片片金灿灿的麦田，我仿佛也融入这一片金色的海洋中，随着轻风微微荡漾。远处的农人，满脸洋溢着丰收的喜悦，双手利索地拾着收割机遗落的饱满稻穗。

多少年前的今天，我也是这样，站在田埂上，望着麦田里忙碌的爷爷，跟着他一起收麦子。而现在，只有我一个人，望着一片空荡荡的麦田。

爷爷在我的眼中，就是一个勤劳朴实的农民，但和其他小伙伴的爷爷不同的是，我的爷爷识字。他年轻时是小学语文老师，也算个知识分子。

记得上幼儿园时，是爷爷每天带着我来去。逢上不去园里的日子，他下地干活，便将我安置在田埂上，用粗糙的老树枝在地上画一横一竖，教我咿咿呀呀地念字，年幼的我也捏起树枝，笨拙地在地上画着，看着他咯咯地笑，爷爷也看着我幸福地笑。那段岁月，该是最美好的记忆。

后来上了小学，爷爷开始教我念拼音。跟儿时不同的是，爷爷会严肃地教我认字，我若念错一个字，他便生气地盯着我的眼睛，再错时，他便会从袖子里拿出一把木尺，一把拉住我小手，"啪啪"两声，我的小手便绽开了两条红色的尺印，手心火辣辣地疼。可是我不能哭，再哭可是要多罚的。那时的爷爷，很严肃。

但爷爷还是慈爱的。每当黄昏之时，爷爷便抱着我，坐在茂盛的大槐树下，给我讲一个个生动有趣的故事。有白雪公主和七个小矮人，还有可怜的灰姑娘，每一个故事，都牵动我单纯又稚嫩的心灵。爷爷的语气也不停变化着，时而忧伤，时而快乐。听着这些生动的故事，我如临其境。不一会儿，天黑了，爷爷便收起书本，轻轻地抚摩着我的头，将我抱进里屋。到了第二天，我必定会缠着爷爷再给我讲故事。他不管有多忙，都会耐心地坐在树下给我一遍遍讲那些童话故事，一遍遍不厌其烦地回答我天真幼稚的问题，直到我沉沉睡去……

爷爷，自从你走后，便再也没有人在麦田里用枯树枝教我写字了，再也没有人教我念拼音了，也再没有人给我讲生动的故事，回答我一个个奇怪又幼稚的问题了。我多想再回到儿时的麦田中，屋前的大树下，听你给我讲故事，听你慈爱的声音。

　　眼前还是那一片麦田，轻轻摇曳的麦秆碰撞着，发出"沙沙"的声音。我抹去眼角的泪水，感到很幸福，很充实，在这收获的好时节。

抢　收

杨微伟

　　秋，本是收获的季节，应是大片大片金黄的稻穗，在田野里一望无际，但是天公不作美，连着几天都是阴雨连绵，烟灰的天与那无尽的黄，像隔着纱，使人心里闷闷的。

　　外婆坐在凝重的木门前，望着细如牛毛的小雨，雨幕笼着她的面容，而那木门后灰色的影却掩不住她的愁。往年收割稻谷，大都天气晴朗，收割机嘈杂的声音像稻谷在欢唱，田间早已挥镰洒汗。可如今，何时等到太阳带来丰收的讯息？

　　我默默拿上一副手套和一把镰刀，外婆已站在门外准备雨天收割。她见我跟随，想说什么，却没有说，她只是进屋拿上雨披，递给我。

　　田间也有好些村里的人在忙着收割。稻穗粗糙，握在手中微微有些疼痛，我拿出手套递给外婆，她却微笑着拉过我的手替我戴上，含笑的双眼分明在说："不用啦，乡下人早已习惯。"看着外婆只戴一顶遮雨草帽辛勤劳作的背影，身上的雨披突然好厚实，好厚实。

忙碌了一下午，我们只收了四分之一的稻田，但外婆的肩头已湿透，不知那是汗水还是雨水？那些箩筐里金黄的稻穗，挂着雨丝，晶亮晶亮的，映着我和外婆的笑脸，仿佛在唱着丰收的歌谣。

不经意一瞥，突然看见外婆那紧握镰刀的手掌布满血红色的痕，想是稻谷割划的，我有些心疼，呆呆地看着那双手，老茧、皱纹、伤口，都不放过外婆的双手。外婆曾用这双手替我摇扇，轻抚我背哄我入睡；外婆曾用这双手做饭、种菜、牵我去上学……

回到老屋已是黄昏，那金黄的稻穗照亮了潮湿的前屋，照亮了灰色的雨帘，那是收获在歌唱，那是辛劳在闪光，那是温暖在弥漫……

校服啊校服

蒋雨诗

　　来这个学校已经一年半的我，渐渐熟悉了这个不大不小的校园，我和同学们朝夕相处，无话不谈，学校开始成为我心中的一个温暖的集体。可也像传说中豌豆公主厚厚床垫下那粒让人无法安宁的豌豆一样，学校的校服成为那粒令人生厌的豌豆。

　　这个年纪的我们刚开始注重外表，渴望赢得他人的注意。而校服永远是那样宽松肥大，它的颜色又每每与白色搭上了关系。这样说吧，夏天的校服就像一块薄大饼，秋冬季校服就是一块不小心掉在地上的厚米糕，蓝歪歪的。我讨厌它永远不合身的尺寸，还厌恶学校里每人都一样的装扮，男生女生的校服竟然连一点分别都没有，远远看去一个样。我们，尤其是我们女生，小小的爱美之心，不免受到了很大的打击。

但是我们也不甘心，每天课间的时候拿出新买的某某杂志，看着扉页上青春靓丽的模特做出各种评价，就像菜市场里出来的大妈对着高级饭店指指点点一般。只有这样满足一下我们小小的爱美之心了，此时的我们是何等悲哀啊！

春天或秋天的时候，我们又得套上那件比夏季校服更加肥大的外套了。那些在衣柜里憋了太久的夏天的花衬衫就一点都圈不住了，它们急不可耐地扑到我们身上，拥抱着我们，快乐得几乎笑出声来。这时，我们都觉得再加一件校服也没关系，不过是把校服拉链拉得低点、再低点罢了。即使在秋风阵阵吹过而我们冷得瑟瑟发抖的时候，也决不打算再加一件更厚点的衣服。

记得上次轮到我们班值日的时候，每个人都迫不及待地想知道自己分到了什么工作，特别是检查清洁区之类可以戴袖章的职位，分到的同学都兴奋不已，这种只用眼睛看的工作谁不想做啊，或许还有机会可以教训一下某些还不会扫地的七年级新生呢。

于是班里的同学都轮流戴上袖章，丝毫不在乎自己的校服被刺得留下一个又一个小洞，我们都一本正经地说："做人要有献身精神。"什么嘛，不过因为这被刺掉的是我们的校服罢了。

每次做课间操的时候，都可以看到学校里三千多人全都穿上校服的那种又白又蓝的场面了，如果从我们的教室看去，整个操场上的人和操场边的树、草混在一起，也能算是一种风景吧。

忙碌了一个学期，终于盼到放假了，终于如愿以偿地脱下校服，恢复"我穿我喜欢"的风格了。但这似乎也没有每天上学时天天期盼的那么兴奋不已了，因为放了假多半是闷在家里，穿上漂亮衣服，也只不过是孤芳自赏一回罢了。呜呼！叫我再说什么好呢？

我的心事我知道

梁钰材

望着那位小客人，我忽然觉得好羡慕他，羡慕他的自由、他的快乐……

双休日，家里来了位阿姨，还带了一位五六岁的小客人，吃过午饭，小客人便嚷着要玩弹珠，可家里哪儿有弹珠呢？妈妈犯了愁。一听到"弹珠"二字，我的心就"咯噔"一下，思绪飘到了从前……

小学三年级时，最流行的就是玩弹珠了。所谓的弹珠，就是彩色的玻璃球，放在阳光下，反射出五颜六色的光，好看极了。我最喜欢玩弹珠，所以弹珠也最多，足足有一盒。把第一颗弹珠弹出去，紧接着是第二颗、第三颗紧随其后，然后弹珠一碰撞，发出清脆悦耳的声音，真是美妙。记得有一次，玩得正起劲儿，一个影子遮住了光亮。

"谁呀？别挡光行不行？"

我抬头一看，吓了一跳，原来是妈妈。"好啊你，不在家练二胡，却跑出来玩弹珠，我让你玩儿！我让你玩儿！"妈妈一边说一边拧我的耳朵。我痛得哇哇叫，更重要的是，我，一个三年级的女生，被人揪着耳朵训斥，多伤自尊呀！从那以后，我就再也没摸过弹珠——它们被妈妈锁进了柜子里，也把我的童年锁进了柜子里，而我每天必须摸的，却是那令我生厌的二胡。

"那柜子里应该有弹珠吧。"我对妈妈说。"快拿下来让小客人玩！"妈妈眉头大展，赶紧找出钥匙让我去取。

我打开柜子，取出一个精致的盒子，打开盖子。眼前是那一颗颗令我陌生而又熟悉的弹珠，我把盒子递给小客人，小客人见了我的弹珠，高兴地拍手叫好，又蹦又跳，玩得不亦乐乎。

正当我高兴地看着小客人玩弹珠，心里也有点痒痒时，妈妈却让我拉二胡给客人听，她无非是想让人家夸夸她的女儿才艺好嘛。我只好取来二胡，有点心不在焉地拉着。而"弹珠之事"深深地埋藏在我的心底，只有我知道其中的滋味。

父亲的膏药

刘盈欣

妈妈的手机屏亮了，铃声响了，又停了。

妈妈拿起手机。"谁呀？"我问。

"是你爸。"妈妈说着，回拨了过去，"你爸朝这边打收费多，我给他打过去。"

挂断电话后，老妈说了一句"你爸要回来了"，就转过身继续忙自己的活了。"算一算，你们得有多久没见面了，嗯……有两个星期了吧，想你爸不？"我点点头说："想。"

摩托车的声音越来越近，接着大门被推开了，发出很大的响声。房门开了，大大的头盔进来了，摘下头盔，爸爸冲我灿烂地笑笑："想我了没？"我点点头。

"嘿嘿，"爸爸放下头盔，从他的格子布包里拿出一个袋子，"给你买了好吃的，快吃吧。"把纸袋打开，一股香味蹿进我的鼻子。"哇，烧鸡！"我兴奋地接过烧鸡，撕下一块，狼吞虎咽地嚼起来。真香！

爸爸在一旁用慈爱的目光看着我，用他的大手轻轻抚摸我的头："慢点，别噎着。"

"孩子她妈，把我的止疼膏药找出来，最近腰疼得厉害。"爸爸一边用手抚摸着腰部，露出龇牙咧嘴的表情。有那么疼吗？

"来，小欣。"爸爸把止疼膏药递给我，"给我贴上，就照着以前的印子。"掀开毛衣，两块紧挨着的止疼膏药出现在眼前。因为爸爸干活，它们已被弄得说不出是什么颜色，白不白，黑不黑，灰不灰，那个颜色，那么刺眼：它在对我诉说爸爸的疼痛。我往下揭旧膏药的时候，爸爸身体颤抖了一下。

"疼吗？"我问，把手上的动作变轻。

爸爸迟疑了一下，"哦……不疼，没事。"

我的眼睛有些痛，那痛化作雾气，模糊了我的双眼。一滴，两滴，滴到刚换下的旧膏药上。

白色的新止疼膏药贴在了爸爸的腰上。爸爸用手摸摸，让它贴得紧一点儿，好像那样药就会渗入得更快，腰也就不疼了一样。

爸爸总是这样，自己疼的时候不说疼，自己累的时候不说累，总是自己藏着掖着，不让别人发觉，让别人以为他自己很好，很好。

妈妈做好了菜，端上桌子。我们一家人围着桌子，有说有笑地吃着。

　　多久了呢，有多久没有一起吃饭了？多久没有这么温馨了？我的心被这巨大的幸福感撞击、包围。爸爸开心地笑着，尽管眼神中有掩饰不住的疲劳，但他还是说："一家人在一起吃饭就是香。"

　　我的眼前又浮现出那止疼膏药的颜色，怎么也挥不去。

远山的呼唤

李文馨

伴随着蝉鸣声声，我们放暑假了。我再次回到了我的"避暑山庄"——峨庄的老家。

别看城里热得让人无处躲藏，这里晚上可是要盖被子的。

同往年一样，小溪依然奏响夏的乐章。郁郁葱葱的绿色后面，潜伏着夏日的歌吟者——蝉。而田间地头、溪畔坡边，开满了各种各样的花朵，红的像火，蓝的如妖，白的纯净，紫的魅惑，万紫千红，争奇斗艳，用自己的风格点缀着夏日的山野，谱写着远山的韵律。

抛下背上的行囊，再次投入大山的怀抱，与小伙伴们在田野里穿梭。时而悄悄扑住一只蝴蝶，时而疯狂逗弄一群蜜蜂，时而和着微风、溪流的节拍高歌一曲，时而踮起脚尖采摘堰头的浆果……虽然有时狼狈收场，心里却似怒放的花朵。

疯过之后，就找个凉爽的地方休憩。

去的最多的当然是村中唯一的那条小溪。头顶有蔽日的绿叶，脚下是淙淙的山泉；阵阵清凉的微风，轻拂过汗湿的脸颊；清凉的溪水，从指缝间潺潺流过。若还觉得不解暑，就掬一捧清凉的溪水，撩上红扑扑的脸蛋。可能还觉得疯的不够尽兴，就发动一场"水战"，你泼我一身，我撩你一背，有时一个不稳，"扑通"坐进水里，屁股虽然摔得生疼，眼角也溢出泪水，但笑声却传得很远，惊得水中的小鱼小虾四散奔逃……

山里的假期是短暂的，但短暂的记忆中，却有最干净最快乐的回忆。

每每想起，耳边回荡的，总是一阵阵欢歌笑语，一声声蝉鸣鸟唱，一片片绿叶红花，一缕缕清风明月。

山里的假期，永远是我记忆中那颗最亮的星星。

遥远的群山，时时在向我发出回归的召唤。

亲情永不老去

司子昂

一串串鞭炮如春雷般炸开了一季新春的喜悦。一群顽皮的孩子在远远的田地里跑跳着，几个老人坐在老家斑驳的院门前，聊着家长里短，不远处偶尔传来几声狗叫与鸡鸣。车子缓缓驶出村庄，望着身后越来越远的老家，心中满是留恋与不舍……

有人说，幸福是成功时心中盛开的红莲；幸福是沙漠中一眼甘甜清澈的泉水。直到那一天，我才恍然大悟，感受幸福，有时其实就是一句话或是一瞬间。

孩提时，总盼望回老家住几天，那是我最开心的事，因为那里有最疼我的爷爷。他虽是一个地地道道的农民，但能讲好多神奇的故事，而且似乎什么事情都难不倒爷爷，那时我觉得有这么个爷爷是多么了不起的事。一放假我就会迫不及待地回到老家找爷爷，疯跑在乡间小路上，后面是不停追赶着我的爷爷，吆喝声、欢笑声回响在宽阔的田野上。

长大了，回老家的感觉慢慢地不再那么强烈了，对那个童年时最向往的乐园也渐渐褪去了迷恋。面对年迈的爷爷有时竟然无话可说。大多时候只是通过电话和爷爷匆匆聊几句，而电话那边的爷爷耳朵不好使了，反应也迟钝了……

当我再次踏上回老家的山路时，才想起爷爷肯定在家一直盼着我。还没等爬上那崎岖的小路，就已经看到爷爷站在高处向我们招手。北风中，爷爷的白发愈发鲜明。现在的爷爷，身体也不再硬朗，步伐缓慢，早已不再是那个漫山遍野追着我跑的爷爷了。

奶奶拉着我的手说："快来吃拔丝地瓜，这是你爷爷亲手为你做的，你爷爷可会算你们到家的时间了，看，这拔丝地瓜现在吃口感最好。这可是今年家里最好的地瓜，你爷爷一直没舍得吃，说是要给你留着。"看着这金黄酥脆的美味，不禁想起儿时爷爷为我做拔丝地瓜时手被烫起了泡的情景，大大的水泡在爷爷粗糙的手掌上分外显眼。

"趁热吃！"爷爷催促着，颤抖着手夹了一块嫩黄的地瓜送到我的嘴边，仿佛我现在依然是那个没有长大的调皮的小孙子。童年的一切恍惚就在昨天发生，而我已长成一个一米七的大男孩儿了，爷爷却越来越苍老了。"快吃啊，"爷爷又一次催促着。我抬起头来，送给爷爷一个甜甜的微笑，一口气把这松软可口的地瓜全吃下，我知道，我这样吃地瓜，爷爷一定会很欣慰的。爷爷高兴地笑着说："还是那样狼吞虎咽的，慢点咽，别烫着。喜欢吃，爷爷明天再给你做，我给你留下好多甜地瓜呢。"那一刻，我深深感到有爷爷是多么的幸福而又快乐啊，就像花儿有土壤的滋养，鱼儿有水泽的庇护，鸟儿有大树的依靠。

颠簸在漫长的乡间小路上，脑子里还满是和爷爷在一起的情形。真希望，今夜能梦回童年，梦回老家，梦回爷爷的身边。真希望，依然能奔跑在乡间的小路上，后面还有爷爷的呼喊声和欢笑声，真希望今夜梦中能像小时候一样缠在爷爷身边，吃到爷爷做的金黄酥脆的拔丝地瓜……

想念一棵树

暖暖的阳光

——献给《绿山墙的安妮》

范开源

　　寒假的一天，午后微醺的阳光拂过我的身体，坐在窗边，合上《绿山墙的安妮》，感受弥漫心扉的温暖……

　　在加拿大爱德华王子岛的绿山墙农舍，马修和玛丽拉兄妹俩过着平淡从容的生活。为了给患心脏病的哥哥马修找个帮手，他们打算从孤儿院收养一个男孩儿帮助干农活。但阴差阳错地，孤儿院送来的竟是一个满头红发、长得并不好看的话痨小女孩儿——安妮。

　　安妮也是一个天真热情、喜欢幻想、对于大自然的美具有敏锐感受力的女孩儿，比如，她能为小湖、林荫道等事物起好听的名字："闪光的小湖""白色的欢乐之路"等。

玛丽拉有着慈善的心肠，但对安妮要求十分严厉，有时还对安妮产生误解。安妮由于酷爱想象以及她的"爱美之心"，惹了一连串的麻烦，也不断改正错误。安妮以自己的热情、善良和开朗的性格获得了朋友、家人和老师的关爱。马修和玛丽拉兄妹发自肺腑的疼爱和无私的付出，让安妮最后出落成亭亭玉立的美少女，并在学业上取得了极大的进步。

　　上大学，前途无量，这是安妮多么盼望的事啊！上大学前先要到女王学校深造，然后才有资格上大学。"有时我半夜起来，想到我要是考不取，不知道怎么办。"考大学这件事一直萦绕在安妮的心头，令她寝食难安，连半夜起来都在想着上大学的事情！最后，安妮通过努力不但考上了女王学校，而且还获得了艾弗里奖学金。能够继续上大学，安妮开心极了。

　　但是，这么一个好机会，安妮最终却放弃了。

　　原来，当时马修已死，安妮因要照顾孤苦伶仃还几欲失明的玛丽拉而放弃了去读大学，这得需要多么坚定的决心啊！"嗯，我已经完全计划好了，玛丽拉。我要念书给你听，让你心情舒畅。你不会感到乏味和寂寞的。我们一起待在这里会过得非常快乐和幸福，你和我。"多么朴素、幸福的话语！虽然玛丽拉只是安妮的养母，但安妮对她的感情却胜似亲生母亲。自己梦寐以求的事情就近在咫尺，却毅然放弃来照顾养母，安妮这种做法，不正完美地折射出人性的光辉——感恩么？

是的，她就是安妮，一个集幻想、热情、感恩于一体的小说主人公，永远会笑着面对每一天！

几点调皮的阳光透过树叶在地面上洒下斑斑驳驳的影子，天空中慵懒地飘着几朵白云。闭上双眼，我仿佛看到，一个名叫安妮的红发小女孩儿欢笑着朝我走来……

吊兰的成长

司逸群

该给吊兰浇水了。

自从家里有了这盆美丽的吊兰，我又自学了植物需要阳光、水和无机盐，我便想到要学以致用，想当然地调制了"营养水"，每天都均匀地洒在吊兰的根部。不仅如此，我还每天中午把它搬到阳台上去晒太阳，期待着在我的"精心"培育下，吊兰会长得更好。可是，几天下来，吊兰却一反常态，显得病恹恹的。我很奇怪，我对它精心呵护，每天都浇水呀。难道我这么精心地呵护它，却换得如此结果吗？怎么办呢？

我捧着那盆吊兰，跑到懂花草的邻居王爷爷家。王爷爷看着蔫蔫的吊兰，特意问了浇水的情况，听我说清了事情的原委，他笑起来，说："你怎么能用那种水浇灌它呢？再说它也不需要天天浇呀，夏天的中午太阳又毒，

想念一棵树

你怎么能让它晒太阳呢？"我奇怪地说："它不是需要阳光、水和无机盐吗？"王爷爷笑呵呵地摇摇头说："不需要太多，过多的营养会害了它，顺应它的天性就好。不相信的话，你不管它，放到客厅里，再观察几天试试。"

我心里虽然嘀咕，也只好听了王爷爷的话。正巧表哥约我到他家玩几天，我不再理会吊兰了。几天后我回到家，又看到了它，几天没浇水的吊兰却焕然一新。它的枝条绿油油的，就像一把绿色的小伞，叶片也显得厚大了，灯光一照，绿叶丛中就会反射出幽幽的光，似乎每个毛孔都在向外界显示着它的生机、它的坚强。

看来王爷爷的话是有道理的，后来，我查阅的资料更加印证了他的话。原来，吊兰适应性强，较耐旱，不择土壤，适宜在中等光线下生长，喜弱光。

王爷爷的话又萦绕在我耳边："不需要太多，过多的营养会害了它。"原来自然界也是这样，过犹不及。就像小孩的成长需要好的环境，但过多的物质财富反而会消磨掉他的意志。

眼前的这盆吊兰，让我明白了许多。吊兰在成长，我也在成长。

神奇的四季

方　琦

啊！多么美丽，多么神奇！每一年都被春、夏、秋、冬四季精彩地演绎着。

春天，几丝和风扯得满世界的草芽纷纷而出，于是大片大片的绿铺满了山坡，铺满了空闲的平地；各种各样的花也纷纷从植物的怀抱里挤出来，露出了羞涩的脸；鸟儿的鸣叫声更加动人，响彻了整个春季。春天播下春的种子，传播着春的祝福。春天的阳光洋溢着一束束朝气蓬勃的青春和希望之光，人们脸上似乎也在释放着温暖的光。

春天的序幕拉上了，迎来了暑气蒸腾的夏天。夏日的天空热烈高挂。有时太阳洒下几串扑朔迷离的光圈，让人目眩，却又平添了几分神秘感。夏日是热情的，给人广阔的胸怀和热烈的爱。夏天的夜晚，天上眨着无数明亮的小眼睛，观众都被他们眨晕了啊！

秋天来了，像一位少妇，仪态万方地走出来。山谷脱掉了繁华的装饰物，路边梧桐树叶纷纷落下，它们在空中徘徊，久久不愿落地。风一刮，树叶就像舞蹈一般轻盈地旋转，秋显得更美了。最欢喜的是孩子们，因为秋给他们带来了许多香甜的水果！

秋天刚走，突然就蹦出了一位多才多艺的魔术师。魔术师用魔法棒一挥，天就黑了，当人们一觉醒来，就见大地铺了一层白绒绒的毯子，迷茫的景象却具有大自然磅礴的气势。冬日的天空苍白而阴沉，但人们知道其中必定蕴藏着什么惊喜，说不定第二天就会有个温暖的太阳。

当冬的表演结束，春又该来了，宇宙中这个神奇的自然舞台，相信你永远不会厌倦。

美丽的南湖水

汪　玲

　　有人喜爱浩瀚深沉的大海，有人喜爱奔腾不息的长江，有人喜爱汹涌澎湃的黄河，有人喜爱活泼欢快的小溪，可我更喜爱故乡那条美丽的南湖。

　　南湖是静谧的。远处的湖心岛幽拢地睡，岸边柳枝轻轻地摆，好像孩童轻放在唇前的食指，天真的，纯朴的，眨着眼的夜的星空。天上的月缺了，也许悄悄地躲到了湖的那边。夜色下，远远的火车的轰鸣，得意地叫起来，惊了岸边的依依杨柳，湖面却依旧悠悠；终远去了，遥远的轰隆，散了在了南湖的静夜里，那一声，于她，也许记得，或竟也忘记。此时，天间零落的星，岸边零落的人，湖面零落的影，夜的南湖，都在静静地摇曳着。俯身于玉带桥上，凝视着这片安宁的湖水，我感到一种从未有过的平静。

　　南湖是活跃的。一片树叶飘落，在空中打着旋，又轻轻地落在湖面上，湖水荡起层层涟漪，一圈一圈向外扩散开来。阳光照耀下的湖水如同镶满碎金的玉石一般，闪烁着耀眼的光芒。许久，湖水渐渐恢复平静，波纹散尽，湖水中的太阳又变回了金闪闪的一片。一会儿，层层鳞浪又随风而起，伴着跳跃的阳光，伴着我们的心，在追逐，在嬉戏。我们矫健的泳姿伴随着晶莹的浪花一起飞舞，为清寂的湖水平添了几分生气，成为夏日里南湖湖畔的一道美丽风景。

　　南湖是快活的。阳光下发散着雾气的湖面，烟波浩渺，湖水所显现的是烘云托月般的润泽。隔着湖水，是城里的高楼大厦，是路上的车水马龙，是熙熙攘攘的南湖区小市场。南湖独处一边，尽情地享受着城市的繁华。

　　南湖在雨中更是妩媚的。细丝般的春雨飘洒下来，不停地织呀织，为南湖织出一块绿色的锦衣。这衣服是缥缈的，摸起来，还有些许凉滑滑的感觉。雨中的湖面上泛起一片迷离的烟水，又仿佛妩媚羞涩的少女披上了一层轻纱。迷蒙之中，我喜欢一个人撑着伞，在湖畔漫步，看近处的湖水因为落了小雨而泛起层层的涟漪，只觉安静与美丽，还有一种感恩的心境……

　　南湖水呀，美呀美……

我 的 父 亲

钱则昀

　　我的父亲是个很特别的人，他与我的关系非常微妙：有时，他像个孩子；有时，他又像个老头。我们既是父子，又是朋友，还是师生。

　　他是一个淘气的孩子。在假日里，他从来没有父亲那种该有的威严，总是陪我嘻嘻哈哈、打打闹闹，有时还动手动脚。因为我比较"亚健康"，所以他常常和我一起运动——乒乓球、羽毛球、跳绳、游泳，玩上瘾后还得母亲来叫才停下来。他也陪我玩智力游戏——下棋、打牌、石子剪刀布，还发明了"英文猜拳"，逛街时都可以见到我们在街上边蹦边玩。他还经常和我一同走出家门，感受祖国大好河山，开阔眼界，使我的阅历丰富了不少。

　　他是一个啰唆的老头。在我犯下错误的时候，他就会啰里啰唆地说一堆话，烦得不得了——虽然是为我好，但说实话，不管他出于什么目的，我都特别不喜欢他这样，和前边的"孩子"比起来差多了。

他是我最知心的朋友。我遇到不顺心的事时，第一个想起的就是他。然后，我变成了老头（遗传嘛，正常），向他一把鼻涕一把泪地大倒苦水。他从不厌烦，耐心地听着，然后明确地点出要害。如果我错了，他就让我静下心来自己悔过；如果确实是不公平，他总会劝我忍一忍，但也适当地陪我发泄发泄。我本身就不爱记仇，这么一来，心情马上就平复了。每次我和他怄气，都是我先主动找他和好，因为没有他的日子真太闷了。

他也是我最好的老师。在我很小的时候，他就开始教我认字、写字，养成了热爱读书的好习惯。我们常常在周末一起去图书馆，有时还读同一本书，互相交流感受。我的写作也是他教的：我们空闲时会一起写作文。先定好一个题目，父亲在初期会教我怎么写，然后再一起写，所以写出的文章除了字迹几乎大同小异。等我有进步后，他就不教我了，让我出题，两人一起思考，再一起写。我出的题目大多很难，不是为了自我挑战，而是想难倒父亲。可是他拿准了我的心理，让我没有一次达到目的，反把自己难住，从而作文水平也在不知不觉中得到提高了。

有人说，父亲很严厉，今生我恐怕无缘感受了，因为我到现在都没发现我的父亲是如此。父亲把他对我浓浓的爱藏在了心中，用自己时时刻刻的关怀表达他无私的爱。

秋的向日葵

王 斌

已是晚秋时节，但天气仍未有寒意，妈妈从花市买回来的花依然盛开。一天，我闲暇无事，看到窗台上有一盆废土，于是就突发奇想，将一颗生瓜子埋入了土中。等妈妈回来后，我跟她提起此事，她不以为然地说："那土太瘠薄，是长不出来的。再说，现在又不是种向日葵的季节。"没想到的是，几天后，花盆里居然真萌生出了一个青青的、惹人喜爱的小嫩芽。当暖暖的阳光拂过它的叶片时，我仿佛发现，它那柔嫩的细茎里，隐藏着一颗充满生命律动的热情似火的心。

这一切都令我激动万分，惊喜不已。我暗下决心，要把这株向日葵养好。这是我第一次养花，心里委实没底。但我还是悉心照料着它。当珍贵的阳光降临阳台上时，我便及时地把向日葵搬到窗户外面，让阳光充分沐浴着它的全身；当夜的帐幕缓缓拉下，我又把它放回温暖的房间，让它在静谧之中安然入眠。日复一日，不厌其烦。向日葵也像要报答我似的，结出了一个饱满的花骨朵儿，令人见了就会生出怜爱之心。"谢谢，谢谢！"那沉重的花骨朵儿，让它不禁弯下了腰，但在微风中，在跳跃的阳光里，它还是不住地摆着手。

然而问题又来了，一些小害虫开始侵害着它的健康。这可让我心急如焚。于是，我开始每天坚持喷洒杀虫剂，还细心地把茎上的一只只小毛虫摘掉，经过几个星期的"艰辛劳动"之后，它终于恢复了生机。"原来只有付出心血和汗水，才能得到回报啊！"我欣慰地笑了。

如今的向日葵，已经完全向着太阳绽开了笑脸，捕捉着初冬最后一丝弥足珍贵的温暖。这与它生活的季节虽然相反，但它仍然固执地默默无言地目视着太阳，旋转着，绽放着。它那金色的花盘，仿佛在吮吸冬天阳光的温暖。

给奶奶的一封信

李含刚

亲爱的奶奶：

您好！您搬家这么久了，我们很想您。

几年不见了，您一定想不到，我已上了中学，长成了一米六五的小伙子了。就像我想不到您是否仍如我记忆中的一样：头戴乳白色圆帽，身穿一件褪了色的藏青袄，系着一个花边小围裙，脸上总是洋溢着暖暖的微笑。

记得在您搬家前，我还是一个刚上小学的孩子。学校放学晚，回到家我已是饥肠辘辘。这时，您正在完成晚餐的最后一道工序——炒菜。您一边哼着陈年老歌，一边跟着节拍晃动着身体，沾满油污的围裙一摆一摆的，我则在一旁拍手助兴。饭菜的香味飘了出来，飘进我的鼻孔，飘进我的心里。搬家后，您还会一边唱歌一边做饭吗？

记得您肚子里总是有好听的故事："……后来那条蛇实在难受得不行了，就吐了口仙气，唤来南边仙山的仙女来救它……"您讲故事时，总是神采奕奕，眉飞色舞，脸上的皱纹全都舒展开来，还时不时地晃动着手臂配上相应的动作，仿佛是在讲自己的事一般，以至于我到现在也搞不明白，南边到底有没有仙山，那条蛇究竟是不是女娲氏之肠。搬家后，还有人听您的故事吗？

奶奶，记得从前，您对我又慈爱又严厉。我在学校考了好成绩，您总是笑眯眯地把我搂过来，亲着我，不停地夸着："我这小孙子，长大一定有出息。"若是我早晨睡懒觉不想上学，您总会不厌其烦地叫着，直到我极不情愿地起来为止。搬家后，您还会坚守"玉不琢不成器"这一古训吗？

这么多美好的事情，至今仍历历在目。

奶奶啊，我做了一个梦，梦见我变得轻盈而透明，飘飘忽忽地在空中飘着，终于到达了您现在住的地方——天国。您孤独地在院子里坐着看一点点坠落下去的夕阳，见了我，先是拥抱了一阵，然后便亲切地责骂我："坏小子，怎么跑这儿来了？想奶奶了？那也不能来。你是咱们家的顶梁柱啊！我会在天国保佑你的。"我们又依偎了一阵，才恋恋不舍地分开了。

我醒了。心中已释怀的想念，成了一摊洇湿了枕巾的泪水。我最终还是没有飘起来，身下的床，仍旧踏踏实实的。

奶奶啊，我一定会努力活出自己的精彩，请您祝福我吧！

您的孙子：小刚

想念一棵树

吴　铭

很想念村前的那棵老槐树，那棵已被砍掉的老槐树。

还记得童年时，英姿飒爽的它挺立在村头，像村子的卫士凝视前方。它的枝干弯弯的，奇形怪状；那花骨朵儿却白白的，嫩嫩的。每当花开时节，芳香四溢，摘下一朵来，放进嘴里，甜甜的，味道特别好。

"我奶奶可能干了，她把槐花打下来，晒得干干的，然后和粉条、鸡蛋一起搅啊搅，包进大包子里，可香了！"我炫耀着。几个小伙伴听罢都像含了话梅般馋得口水直流。这时，机灵的表哥便咋咋呼呼地喊道："要不然我们打些槐花回去包饺子吃吧？我妈昨晚包的饺子皮还剩下好多呢！我家菜园子里什么作料都有，你们谁来帮忙我就带谁一起吃！"槐花清香扑鼻而来，几个小伙伴仿佛已经闻到了饺子的香味，异口同声道："我要去，我也要吃槐花馅的饺子！"于是我从家里拖来一张好大好大的塑料布，铺在槐树下，从不远处的竹林里借来五六根竹竿，让竹竿在粉嫩的槐花间跳跃舞动。然后你择葱，我剥蒜，最后包出了一大盆奇形怪状的饺子，虽然有点咸，但那种感觉，真的特别美好。

而如今，徜徉在这一条条纵横交错的大街小巷中，再也找不到一棵像村前的槐树那样"丑陋"的树了。"旧城改造、创建新城"的呼声震耳欲聋，历史的新篇章在挖掘机的"突突"声中不停向前翻着，背面记录的那些过往早已无人过问，开发商们看到的是正面的焕然一新，背面沧桑灰暗的图文尘埃堆积，已被人遗忘。

"这路修得可真直啊！村头那棵槐树怎么没了？怎么变成石头了？"我告诉奶奶："树已连根被挖走了。这不是什么石头，是为感谢捐钱修路的人立的碑。碑石上还刻着××酒厂捐献人民币十万元，××米业公司捐献五万元的字呢！"奶奶长叹了一口气："整天大卡车大货车在这条路上跑，说是为我们修路，其实都是为他们自己挣钱方便，我们这些老太太老头子可过不安宁喽！到处都是灰尘，你爷爷哮喘又加重了呢……"

现在，人们对此已都不那么在意了；因为忙，忙生存，忙创收……这些微不足道的改变早已不知不觉中成了司空见惯的事情了。

可是我们的后代呢？他们又将过着怎样的生活呢？他

们可以餐餐吃上美味的鸡鸭，却享受不到被大白鹅撵得满院跑的恐惧；他们可以赤脚在铺了木地板的房间走动，却享受不到光着脚丫奔跑在雨后软软泥地上的欢愉。在他们拥有现代文明的同时，却丧失了拥抱自然，倾听自然，与自然心灵相通的能力和机会了。或许，在我们期待历史篇章不断更新的同时，也应该看到背面，看到过往的古代文明的淳朴与纯洁……

真的很想念村前的那棵弯曲的老槐树，它的叶子是那么青翠，它的花朵是那么洁白。

乐 乐

左如瑶

五月，一个凉爽的傍晚，我、姐姐和妈妈一起去公园散步。我们一边走一边欣赏荷花，忽然我们看到了一块会动的"石头"，我惊奇极了，凑近一看，呵！原来是一只刚孵出不久的小鸭子呀！它独自在那儿唧唧地叫着，旁边看不到有人照顾它。它冲着我们不停地叫，仿佛在向我们求助一样。它那么小，是谁抛弃了它？太可怜了！于是我们决定带它回家，好好照顾它。

来到新家，第二天一大早，它就"唧唧唧唧"地叫了起来，就跟一个小闹铃似的，催我们起床。唉，不对，它可是一只鸭子，怎会发出小鸡一样的声音呢？我们还特地上网查了一下，哦，原来小鸭子都这样叫啊。真好玩！因为我们都希望它能够快乐地长大，所以我和姐姐给它取名叫"乐乐"。

吃早饭时，乐乐就围着我们的脚转来转去，感觉又痒又可爱。知道了，它是想让我和姐姐带它出去玩。于是我和姐姐匆匆吃完早餐，迫不及待抱着它下楼，带它来到了一个小池塘边，周围有树、有亭子、有盛开的鲜花……美丽极了！我和姐姐把乐乐放到了水里，对它说："乐乐，玩吧！"没想到话音刚落，它就飞快地从这边划去了那一边。走上岸，它瞅瞅我们，然后慢条斯理地梳理自己的羽毛。我和姐姐简直目瞪口呆了。

乐乐最爱吃面包虫，第一次买面包虫时，我们看着那些蠕动的小虫子，觉得好恶心，连碰都不敢碰，但是想到乐乐吃了就会快快长大，也就没什么了，甚至后来我和姐姐还用手捧着小虫子喂它，它可高兴了。转眼乐乐就长大了，我们训练它冲刺、爬楼梯、爬陡坡，它被我们训练成鸭子中的"特种兵"了，我和姐姐好骄傲！

乐乐长大了，它非常爱跟着人脚跟后面走。有一天，回到家，我们把小鸭子放在客厅中间，然后姐姐和妈妈同时向相反的方向走，只见乐乐，看看这个，瞧瞧那个，不知道跟谁走，急得"啾啾"直叫，这可把我们乐坏了。

可是，故事为什么一定要以悲剧收尾呢？

那天早晨，我和妈妈买早点回来，刚走到楼道，就发现不对劲，乐乐住的笼子是空的，我快步跑到门前一看，伴随着自己的一声尖叫，我捂住了脸。不！不是真的！我多想这一切都不是真的！乐乐死了，还流着血……

原来那天风特别大，笼子开了，乐乐跑了出来，没想到，这时一阵狂风把防盗门关上了，乐乐正好走到那里，它被门夹住了脖子。乐乐就这样无声无息地离开了我们，我和姐姐悲痛万分："对不起，乐乐！"

乐乐虽然已经离开了一段时间，但它可爱的模样仍然留在我们心里。"乐乐，愿你在天堂里依然是一只快乐的小鸭子！"

河流引领我成长

张继霄

> 河流远比湖泊精彩，因为它流向远方。
>
> ——题记

一条河，它发源于高高的喜马拉雅山，一路上奔流不息，曲折回环。遇到峡谷，它将自己收缩成细条；遇到峭壁，它闭上眼睛，硬生生地从顶部跌落；它一路上唱着时而激越时而宁静的歌。即使遇到困难，也从不停歇！湖泊静静躺在那里，享受着无趣的生活。湖泊嘲笑河流："你走得这样急，多累啊，不如静下来享受生活。"河流却坚定地说："生活要不断进取，前进！你这般不叫生活。即使是遍体鳞伤也一定要活得精彩！"说完，便又唱着歌流向了远方……

回想几年前，我很是自负。因为在学校中成绩优异，又多才多艺，我很得老师宠爱；在家中家人又觉得我还小，也不严加约束，于是我便以为我是全世界最棒的人，看不起这个，嫌弃那个。有时父母督促我学习，我还顶嘴，把他们气得不轻。有时父亲不免会对着我的表现摇头叹气。

有一次，父亲带着我去"登高"，我刚爬了一半就想放弃，因为烈日炎炎，我身乏口渴。这时，走在前面的父亲对我喊道："快点儿啊，听说山顶的景色可美了，有无数的蝴蝶，有特别漂亮的花。若是运气好还能看到彩虹呢。""彩虹！"我心中一喜，加快了脚步。可是一不小心滑了一跤，把膝盖都磕破了，真疼！我一屁股坐在那里，气哼哼地看着已到山顶的父亲。"你倒是快点啊，这里的景色实在是太美了，彩虹，我真的看到彩虹了。"父亲站在山顶，兴奋地大叫。不行，不能就此放弃，我要看彩虹。我咬着牙，忍着疼，一口气来到了山顶。啊！眼前的景色让我眼睛一亮：彩虹在天际向我招手，放眼看去一大片不知名的花随风摇曳。向下望去，一条大河在山下奔流不息，太震撼了！

"山上的风景比山下的风景如何？"父亲笑着问我。

"好美！"我一边四处看，一边回答道。

"看见那些河流了吗？你知道它们都去哪吗？"父亲又问我。见我疑惑的表情，父亲将我搂在身边。"俗话说，水流千遭归大海，不管多么小的河流它们都有一个共同的目的地——大海。它们为了这个目标，不计任何代价，从不退缩。这也是河流比湖泊精彩之处。人生亦是如此，一定要不断地进取啊。"我默默地点了点头。

从此，我变了，变得虚心，变得谦和，变得好学，我失去的东西又回来了！

河流是奔腾不息的，是永求进取的；而湖泊是静止不动的，它的每滴水都被囚禁着，无法看到外面的世界。外面的世界很精彩，河流是这么告诉我的，它引领我成长！

隐形的阳光

段雨辰

三毛说，每个人的心里都有一亩田，用它做什么？种桃种李种春风。是啊，每个人的内心，都有一块隐形的田，每个人都在忙着种植和收获，有人在心田种下温情的种子，收获安定与幸福；有人种下善良的种子，收获喜悦与感动；有人种下欲望的种子，收获苦闷与折磨；有人种下罪恶的种子，收获痛苦与惩罚。心田里唯有种满阳光，才会收获春光明媚。

最后的那个"六一"节，充满阳光和活力的我演讲了《再见了，母校；再见了，老师》。这个题目只有短短的十个字，但却包含了我们对母校一草一木，一砖一瓦的留恋，我们的留恋他人无法理解，因为这是我们六年来对母校的感情。演讲结束后对着太阳我笑了，我感受到了阳光，我感觉到有太阳花在我的心中播种，我心中有了阳光的温暖。

记得上学的那些日子，兴奋与喜悦在我的心中奔涌，为期七天的军训让我体验到了辛苦与辛酸，让我拥有了汗水与泪水，让我懂得了坚持与奋斗。在军训的时候我总会说两句话，"明天早上不去了"和"今天下午不去了"，爸爸妈妈对我的鼓励又让我坚持了下来。我在汗水中磨炼了意志，在疼痛与泪水中感受到军人训练的辛苦和对自己的超越。

我听到了蜜蜂的采蜜声，但它采的不是香甜的蜂蜜，而是磨砺与收获。我知道我的心里又种下了一朵向日葵，它正在向着阳光生长与微笑。向日葵和我一定有着同样的品质，它为了阳光永不低头，我为了理想永不放弃。

阅兵式那天阳光明媚，好像上天也对我克服困难而感到开心。我隐形的心田里，又好像种满了非洲菊。

我喜欢太阳花那充满阳光的名字；我喜欢向日葵那灿烂的微笑；我喜欢非洲菊那犹如阳光的品质。当我投入紧张的学习生活中，它们依然在我心田上明媚地生长着，让我的心中充满着温暖，充满着隐形的阳光。

酸酸甜甜的爱

黄佳慧

那插在草头上的一串串玲珑的冰糖葫芦，使人一见便生爱慕之心，馋得我"口水直流三尺"。瞧，它又在那里得意地展示着它那婀娜的身段呢！呵，还在脸蛋上抹了一些胭脂，活像一个小姑娘。

我最爱吃冰糖葫芦了，有几次到街上赶集时，看见有卖冰糖葫芦的，就像看见了珠宝，便跑去找妈妈要一元钱买一串，吃着酸酸甜甜的冰糖葫芦，心里别提有多高兴呢。

我对冰糖葫芦的钟爱，有些年头了。

在南京的时候，我就非常爱吃冰糖葫芦。那时，我总喜欢坐在爸爸的单车上，让他载着我去逛街，我满怀好奇心去接触那陌生、繁华的城市。如果看见卖糖葫芦的，我就会指着那儿说："爸爸，冰糖葫芦，买给我吧！"

冰糖葫芦买来后，我先不会吃，总是让爸爸先尝。我不是要与爸爸分享美味，而是让爸爸帮我尝一下那大大的，果肉丰满的山楂里是否有籽。因为我相信了大人们逗小孩的话——如果把果实里的籽吞下去，肚子里就会长出一棵大树。那时的我太天真了，这样的话也相信。爸爸没有拒绝我的要求，拿过我手中的冰糖葫芦，低下头咬了第一颗山楂，咀嚼着，结果被酸得撇起了嘴，却又笑容满面地吞下去。而后他一边递过冰糖葫芦一边说："嗯，没籽儿，吃吧！"我这才放心地大口大口地吃起来。我每次都是这样，有时，爸爸会说："你自己尝一下不就知道了嘛。"我硬是不干，爸爸拗不过我，只好继续替我尝。

回想以前，觉得那幼稚的举动真是好笑。

不过，爸爸，你把爱留在我最爱的冰糖葫芦上，我谢谢你的爱，谢谢你的照顾。现在，如果再买了冰糖葫芦，我还会请你先吃第一颗，不是要你尝，而是要你和我一起分享这人间的美味。

爱 在 延 续

刘太愿

五岁时，陌生的他强行把我从大娘家接回老家。

回老家后，没了大娘给予的呵护，我便开始怨他，怨他夺走了我的幸福时光；怨他把我带回老家后，又撇下我外出打工，留下我艰难地适应新生活；怨他不顾我的反对就将我托付于从不认识的公公。

十岁时，怨在蔓延。

春节，他回家一趟，给我买好吃的香蕉，漂亮的衣服，喊我宝贝。我却不愿搭理。年夜饭后，他问我新年愿望是什么，我脱口而出："讨厌你。"无疑，这三个字如千斤巨石砸在他的心坎上，只见他愣在那，脸色灰暗，目光呆滞，嘴里喃喃地念着：讨厌，讨厌……一声长长的叹息，窗外的月色霜似的弥漫四周，令人生寒。现在想想，自己那时真是"聪明"。

年后，他提着行囊走了，脚步好沉重。

春去秋来，我已年满十三，又一个春节将至。

家里的电话突然响起，我拿起电话，她（我的后母）在电话里大声地哭，不知怎的，仿佛觉得她的眼泪通过电话流到了我的心里，湿湿的。她说："你爸住院了，说这次回家一定要把电脑给你买下，晚上加班，钢管把脑袋砸伤了。"握电话的手有些颤抖，是这样吗？我盯着电话机，脑子里不禁浮现出父亲的头包满纱布的样子，鼻子酸酸的，才发现衣襟不知何时已被打湿，原来自己也会为他担心。

父亲打来电话时是第三天，我问他在哪里，他嘿嘿地笑两声后说："没事，在工厂上班呢。"听着父亲沙哑的声音，眼前又是一片模糊。父亲还说要我多注意身体，努力学习。我却找不到话来回答，哪怕是像从前那样应付他回答一个"哦"字。父亲听出了我的异样，问怎么了，我怕会忍不住哭出来，率先挂了电话。独自蹲在墙脚，泪水像河水决堤一样，奔涌而出。

也许是长大了，我开始重新认识父亲。

才发现，每次电话里父亲只说喜不说忧，总向别人嘘寒问暖；才发现，每次总说我的衣服是姐姐洗的，因他怕我讨厌他碰我的东西；才发现，一直以来，父亲有过这么多的付出，只是自己关闭了沟通的大门；才想起，有多久没喊过他爸爸了。

爸爸，保重！

如今，"愿"代替了"怨"，愿父亲健康平安！

我的爱，伴着你

石 芩

道路两旁的白杨一闪而过，风从车窗外直撞入车厢，我戴着耳麦，头发随风而动。

妈妈说要带我回老家。十几年前妈妈被"骗"出来，再也没有回过家，听说是姥姥不允许她回去。

汽车七拐八拐地进了山，当夜幕把白云蓝天罩住时，车子停在了一个充满青蛙、蝈蝈和一些不知名昆虫叫声的小村庄。

我随妈妈来到一个农家小屋前。"妈！"妈妈大喊一声。屋里出来一个身材矮小但很精干的老太太和一个精力充沛的老头。"你回来做什么？出去！"老太太朝妈妈喊道。虽然语气有些生气，我还是发现她的眼泪一下子涌出来了。妈妈不知什么时候也流泪了。

"华芳回来了？快进屋！别听你妈的，她的性格你还不知道吗！"老头连忙招呼我们进屋。

"这个是石芩吧，这么高了。"老太太向我走来，准备拉我的手。想到这么多年她不让妈妈回家，我赶紧躲在妈妈的背后。其实我早就知道了，他们是我的姥爷姥姥。

我和妈妈就这样住了下来。也许因为这是妈妈的家，第一次来，感觉很新鲜，但并不觉得陌生。

一天，我和姥爷去村子前面的小河里捉鱼。姥爷跟我说了许多以前我不知道的事，他说："以前我们这里地方小，人也穷。十八年前你妈妈和一个来我们村做生意的（就是我的爸爸）跑了。那段时间，你姥姥每天都以泪洗面。逢年过节，都要到村头去坐半天，说什么华芳可能会回来看望他们老两口。你妈妈会给我们寄钱回来，叫我们吃好点，穿好点。每次你妈妈打电话回来，都是我接电话，你姥姥从不接。我接完电话，她总是着急地问你妈妈说了些什么，过得怎么样。"姥爷说着，眼角流下了眼泪。

我站在河边，望着清澈的河水缓缓流向远方。耳机里传来了熟悉的歌声：让我的爱，伴着你，直到永远……

秋　夜

石　玉

　　秋虫唧唧，秋夜有些许凉意，不禁让人心生惆怅。

　　书桌上，台灯的光泠出淡淡的鹅黄，我伏在书桌上看着那一沓沓的作业本。书本上的那些字像一个个跳动的音符，在我的眼前跳着欢快的舞蹈，好像在笑我对什么都一窍不通。

　　时间一分一秒地过去。夜深了，只听得见山野的风发出怪叫和自己的心跳，手指也一片冰凉。夜，宁静得让人害怕。

　　我索性来到阳台上，呼吸几口新鲜的空气，也顺便调整一下自己的心态。天是黑的，却很好看。天空中有几块黑色，想必是云吧！明天会不会下雨呢？白天还是晴空万里。我想再辉煌的事物，也有它平凡的一面吧！那几家的窗口，还闪着不熄的灯光。可能，也有个和我一样的人在夜里凝望吧!

　　门外的小河不断地流淌，流淌! 悄悄流进人们的梦乡。幽暗的松林失去喧闹，夜莺的歌声沉寂了。在夜的笼罩下，四下一片寂静，只听见溪水缓慢地哼唱，阵风吹来，吹在我的身上，感觉有些凉意。望着这宁静的夜空，心中仿佛安定了许多，不再有那么多的寂寞与不安。

　　重回灯光下，尽管已是深夜，电灯发出柔和而明亮的光，显得十分温馨。可是就在几分钟前，我还觉得它有些昏黄和凄凉。

想念一棵树

蝈　　蝈

刘宣辰

那年暑假，爸爸还在内蒙古赤峰市工作，妈妈带我去看望爸爸。

赤峰是个地域辽阔、人烟稀少的城市，爸爸住的这个区域是新建的，城区十分干净整洁，而且还有一个大大的花园，花园里有各种花草树木，还有小桥和溪水。

一天下午，爸爸带我出去玩，我们看到有许多蜻蜓在水上翩翩起舞，于是爸爸让我等一下，然后他就跑回了家。他回来时，拿来一张网和一根线。只见爸爸揪了一把草，把草拴在线上，然后拿着线狂甩。我看见一只蜻蜓跟着那把草，来回飞舞，高兴极了。突然，爸爸把草往地上一甩，蜻蜓也摔到了地上，爸爸让我快点用网盖住，我迅速盖下去时，只见一个黑影闪过。爸爸一个箭步跳了过来，待我慢慢拿开手，发现蜻蜓不见了，手底下趴着的却是一只蝈蝈。

这只蝈蝈很大，有一寸多长，头上有硬壳，泛着灰绿色的光，头顶有两根又长又细的触须，总是不停地晃动着，像两根会活动的大线。下颌向前突出，还长着两颗褐色的弯向中间的大牙。它的腹部是嫩绿色的，背部和四片翅膀是翠绿色的，迎着阳光散发出多彩的光。它的两侧伸出四条小腿和两条大腿。当我抓起它时，那六条矫健有力的腿毫不客气地乱抓乱挠，吓得我不得不放开它。还是爸爸勇敢，把它带回了家。

我们买来一个小竹笼，于是这只可爱的蝈蝈便在我家阳台安家了。

它开始很怕我，远远地听到我靠近的脚步声，就会立刻跳到笼子后面，冲我摆动它那"雄健"的触须，张开大牙，紧紧地盯着我，后腿还向里收着，显得特别紧张。过了一会儿，看我没有伤害它的意思，它便在小竹笼里慢慢散起步来，这儿走走，那儿逛逛，还不时瞟我一眼，悠闲得很。

蝈蝈吃东西并不挑剔，各种蔬菜水果它都吃。有一次，我喂它一块黄瓜。刚放进去，它猛地向后一跳，还向我瞪着眼睛，触须还是来回摆动着。又过了一会儿，向前爬了爬，轻轻地用触须碰了碰，再用大牙碰了碰，然后抬起头看看我，才试探着咬了一小口，嚼了嚼，咽了下去。一定是感觉很美味，这时它顾不得我了，前爪抱着黄瓜，大口大口地吃了起来。

　　蝈蝈吃饱了，就用嘴舔舔触须，待在一旁一动不动，偶尔也心满意足地散散步，高兴时，还会唱唱歌，那清脆悦耳的声音给我带来了许多的欢乐。

　　离开赤峰已有段时间，虽然看不见那只蜻蜓"变成"的蝈蝈，也听不见它的叫声，但一想到它，心里便充满了无尽的欢乐。

一 杯 清 茶

赵晨祎

天空中还飘着蒙蒙细雨，小路两旁的大槐树叶子正沙沙作响。那杯茶，带着淡淡清香、浓浓亲情，荡漾在我心头。

"姥姥！我来看您了！"走在那通往姥姥家的"古老"的楼梯上，我便迫不及待地喊了起来。姥姥耳朵不太好，记得在以前放学回姥姥家时，怕她听不见我的脚步声，我都要闹出"大动静"来。这次我的突然出现，一定会给姥姥一个不小的惊喜……

刚转过楼梯，就看到姥姥那略显佝偻的身影。我连忙走上前去，"姥姥您赶快进家，天这么凉，不要感冒！"我说着把门打开，一股热气扑面而来，舒服，温馨。

我的视线拂过姥姥和姥爷的面庞，时间在他们脸上留下了太多印迹。木桌上的旧茶杯依旧古朴，里面却并不

想念一棵树

像当年那样满溢着滚烫的茶水。时光偷饮了茶水，却留下了光阴特有的芬芳。此时它们依然在那里，却让我感觉到了时间带给老人的沧桑。我在姥姥和姥爷的茶杯中放了茶叶，又倒入了开水冲好茶送到他们的手中。还记得小时候都是姥姥和姥爷为我做这一切，如今我长大了，是我为他们做点事的时候了。从袅袅升起的水雾中，我看到了他们脸上的自豪和幸福。茶依旧是熟悉的味道，但我偷偷地放了秘方使它格外芬芳，知道是什么吗？——浓浓的爱与亲情！姥姥和姥爷都尝到了，笑脸带着幸福越发灿烂。

午饭时间到了，圆桌上摆满了我爱吃的饭菜，姥姥一定准备了很久，这充满着亲情的饭菜永远也品尝不完，因为它已经深深印在了我的心里。

下午，无意中触碰到了姥姥的杯子，依旧那样温热，是姥姥一直握着它，还是它不愿凉去……

蓦然回首，向小巷深处望去，远处的我在招手，向着阳光走去，阳光下的大门正通往未来。依稀看到了姥姥的笑脸和那个渐渐长大的自己——

"姥姥，您慢点喝，我再去为您倒茶……"

雪　忆

梁钰材

闭上眼，记忆涌现，那时，我还是一片小雪花吧？我在天上看着人间的一切，人们却看不到天上的我。

这是一个贫穷干旱的小村庄。那里的人，几乎好多年都不见一片雪花。就是在这个村庄，有一对兄妹，没有爸爸妈妈，只有他俩相依为命。妹妹患上了"渐冻症"，这是一种不治之症，只要患上了这种病，肌肉便会逐渐萎缩、无力，如同被冰冻一般，直到死去。哥哥很细心，对妹妹照顾得很周到。但哥哥有一个心愿，就是帮助妹妹实现看雪的愿望。对哦，妹妹好像从小到大没有见过一次雪花呢！哥哥每个冬天的晚上都满怀希望地睡下，清晨，又满怀失望地起床。日日夜夜，仍旧不见一片雪花。在夜深人静的冬夜，哥哥抱着爸爸妈妈的遗像发呆，有时，他真想大哭一场，他恨自己，恨自己连妹妹的唯一愿望都实

想念一棵树

现不了！但看着妹妹熟睡的脸庞，听着妹妹那均匀的呼吸声，他又咽下了眼泪。

我在天上看到了一切，决定降临人间。

我得到了雪王的允许，决定在今年的冬天，在那儿下一场雪。

冬天，到了呢！

晚上，哥哥嘴中喃喃道："爸爸妈妈，如果你们在天有灵，请你们下一场雪吧！"哥哥却不知道，窗外，我和我的同伴们正在落下。

这是一场大雪。有的同伴落到了树枝上，有的同伴落到了屋顶上，而我，选择落在了兄妹俩窗子对面的树枝上。

我静静地看着同伴们的杰作。雪，落着，落着，积在熄灭灯火的窗口，积在熟睡的街道，无声无息，这雪，是何等有气魄！是何等有魅力！是何等美丽！是的，雪，才是这个冬天的主角！我们，只要一个冬天。雪花翻飞，纷纷扬扬，风一吹，屑末似的雪花飘散开来。这是柔柔、软软、绵绵的那种雪，就像，棉花糖啊！雪中的村庄，被洁白紧紧包裹住，宛如初生的婴儿，纯洁、天真。天地间，只有同伴们的飞舞，缓慢却紧密地飘落。我们，不语，用最单纯的颜色，诉说着美好。

黎明，就在这个玉洁冰清的世界悄然而至。金色的朝霞在雪上罩上了一抹淡黄，映得雪更加耀眼了。

"下雪啦!"

一对姐妹兴奋得差点喊出来,她们手拉着手,相互搀扶,搀扶着走过光滑的冰面,蹒跚着如憨态可掬的企鹅。

我望向窗内的兄妹俩,他们已被惊醒。哥哥穿好衣服,推开门,他的眼里漾满了快乐、惊讶。他向天空望去,又回头望望躺在床上的妹妹,便喊起来:"妹,妹,外边下雪了,哥带你去看雪!"妹妹的眼里充满了光。那是什么?从她的眼角滑过,是泪,抑或是幸福?门又开了,哥哥抱着妹妹出来看雪了,妹妹却一眼看见了我。骨头似的指头颤颤巍巍地指向窗边:"大,要。"哥哥立即明白了妹妹的意思,她看到了这片大雪花,想要。于是,哥哥把妹妹抱到树枝前,手指轻点,丝丝清凉,漫入她心;阵阵暖意,浸入我心。她笑了,我也笑了,只是她没有看见,我的笑,已化尽为一滴清凉的水;而她的笑,透过我的心,成为我永恒不变的记忆。我,无悔,因为我曾经绽放过,也曾来过人间,也曾拥有过属于自己的回忆。

或许,明年的冬季,另一个我,会降落人间,给兄妹俩看雪吧。但我去了天堂也不会忘记,有一段记忆铭刻我心,那段回忆名曰——雪忆。

我的偶像赵老师

梁作栋

　　数学，一个复杂而又无聊的科目。小学一至四年级，我对数学几乎没有什么兴趣可言，每次考试都是八十分，每次做题都是最慢。五年级时，柳暗花明，我的数学终于迎来了曙光。

　　五年级，数学老师换成了一位男老师，姓赵。刚开始全班人对他都感觉很陌生，也不太适应，但是赵老师毫不在意，他只是希望数学课成为我们每天在学校里最快乐的时光。而且每次见到他，赵老师总是面带微笑。

　　一次讲"小数移动小数点"时，赵老师把数字写得很高，而且写的是没有小数点的整数，我们全班都纳闷了，心想学习小数，又写上整数干吗？它们有什么关联？但结果出人意料，赵老师用自己的头当小数点。他的头每移动一次，我们就笑晕一次，在快乐中我们对小数的记忆特别深刻。直至现在长大，才了解了老师的教学艺术，才对老师的教法多了许多欣赏，甚至还有那么一点点感动。那年的期末考试，我们班是年级第一！我们无意中还听到年级的其他老师向赵老师取经呢。

能够放下老师的架子，在课堂上投入地当一个演员，只为了学生能在快乐中掌握知识点，多么珍贵的想法！多么朴素的做法！可赵老师在我们身上下的功夫，还不止这些，还有他独特的开发我们智力潜能的方法。

每周三下午是数学思维开发课，全年级几乎都是用来上课讲题的，只有赵老师独出一格——教我们玩魔方，一时间整个年级传得沸沸扬扬，很多学生开始羡慕我们班了，而有些老师也不无担心地说："课上不讲题行吗？这还能当年级第一吗？"出人意料的是，我们每次测试仍是年级第一。其他老师都很惊讶，赵老师却是喜上眉梢。

赵老师总是在笑，他走路也是大步流星。他常穿一件蓝白相间的衬衣，裤子是普通的西装裤。他头发直立，而且长度适中。只要再加上一撇小胡子，简直和鲁迅一模一样。赵老师习惯走路时一手拿书，一手插兜里。他个子不高，才过一米六大关，但在我心中却高大无比。

我每次去办公室时，总是看见其他老师向赵老师请教问题，每一次我都像脸上贴了金一样，高高抬起头。一次班主任告诉我们赵老师在中考时数学成绩满分！而且比他报考的师范学校总分高出40分！一瞬间，我感觉赵老师矮

想念一棵树

小的身躯根本装不下赵老师，就算姚明的身高也窘得装不下赵老师。

毕业时，大家写留言册，我与几个同学在填偶像一栏时，都一致地写上了赵老师。赵老师就是我的数学启蒙老师，自从遇到他，我对数学便不再排斥，感谢您，赵老师！

秋 之 韵

龚欣语

秋天是万物改妆的季节。秋姑娘带着水粉来到人间。一位渔人在钓鱼时不小心把秋姑娘的调色盘打翻在河里，匆匆而流的小河便染成一道橙黄，一道浅褐。秋天的太阳是金子做的，它将金色的光芒洒向人间。瞧，田野是金黄的，山也是金黄的。秋天的气息在秋风中荡漾。

秋天是丰收的季节。果园里的果子各色各样，苹果像害羞的小姑娘，用泛黄的叶子挡住自己的红脸儿；那些嫩黄色的鸭梨，像一个个顽皮的孩童在树枝上荡秋千。秋天的田野更美，沉甸甸的稻穗压得稻秸秆抬不起头来，在秋风里微微地摆动着，掀起层层稻浪；火红的高粱在田野里守望，展示着自己的成熟。农民们收割着硕果，欢喜减轻了疲惫。

秋天是百树脱衣的季节。无论是柔韧的柳树，还是挺

想念一棵树

拔的杨树，此时，都已经脱下华丽的外衣。漫天飞舞的黄叶卷着秋的羞涩，翩翩起舞，向人们展示着秋的魅力与韵味。黄叶入土并非死亡，当它腐朽，它就变成肥料滋养新生的万物，便是"化作春泥更护花"了。

秋天也是相思的季节。天气渐渐清凉了，毛豆叶子已露出枯黄的颜色来；白色的小菊，一丛丛由草堆里攒出头来；还有小朵的黄花在劲风中抖颤，这些景象最容易勾起人们的秋思。难怪文人墨客纷纷感慨，"遥知兄弟登高处，遍插茱萸少一人""今夜月明人尽望，不知秋思落谁家"……

四季皆美，我最爱秋，爱她独特的美，爱她品不尽的韵味。

一路上有你

记忆深处的淡淡清香

张 琛

"天上风筝在天上飞，地上人儿在地上追……"伴随着淡淡的油菜花香，我开始了一场与春的约会。

在这细雨纷纷的清明时节，人们总被"行人欲断魂"的思想所禁锢，而与"千里莺啼绿映红"的美景失之交臂，我不见得像诗人杜牧那样，借酒消愁，却能携一只风筝，逃避于春花烂漫的小径间。

没有多余的颜色掺杂，黄配绿当然是最自然的，不像冰雕玉琢，也不似渲染勾勒，是泼上去的，倒上去的！之前总觉得油菜花无特殊之处。要说灿烂，迎春花可比；要说婀娜，真真不及杨柳。有时看到那么一株独立在田野上，想着它的一无是处，破坏了原来"绿延千里"的韵味，连拔去它的心都有了。

现在，很难想象在乡间一排排楼房后面，还有这么一处奇迹。本想寻着一块没有电线铁丝网的放风筝的地方，这回是"鱼和熊掌兼得也"。眼前，用"花海"形容都不为过，可能会联想到只有电视上才见到过的荷兰"郁金香花海"。不！这更加令人叹为观止。它们的枝干向上伸长，伸长，托举着一朵朵、一团团、一簇簇的花朵，甚至高过你的头顶，与金色的阳光交相辉映。

它的味不好说，既不是暗香盈袖，也不是浓香扑鼻，但却随着风，萦绕在你鼻翼周围，让你在不知不觉中嗅到一丝甜味，闭上眼聆听，仿佛就能听到一支田野间的乐曲。仿佛有银丝迸溅，溅在脸上，凉丝丝中透着点点温和。油菜花香，就在四月春日中成了最独特的风景。

生活是被发现赋予色彩的，春天的每一处都成为人们心中的那份信仰，在与大自然少之又少的接触过程中，人们渐渐丢失了对自然之美的感觉。其实只要揭开那层遮挡你视线的轻纱，便能找回你自己的感动。

在越过一幢幢楼房后，看到的不仅仅是这一片油菜花田，闻到的也不仅仅是难以形容的香味，收获的更有美的体悟，但愿这份美好的体悟与淡淡的清香永存我记忆。

我给爷爷泡杯茶

陈佳文

> 我在这里，你在那里，中间隔着阴阳的间
> 隙，中间弥散着淡淡的清香。
>
> ——题记

时间匆匆，不知不觉已经过去几年，那间房子我也长久未回，直到妈妈说要搬过去住一阵。

"这东西竟然还留着！"妈妈惊奇地叫了一声，我过去一看，原来是一个老式的泡茶工具。记忆中闪出这样一个身影，他躺在摇椅上，旁边小桌上放着茶壶，热情招呼："如意，喝茶。"是爷爷。

"你爷爷以前就喜欢弄这些玩意，现在可弄不了了。"妈妈叹了口气，眼圈红红的。

"泡一杯吧，我来，爷爷教过我哩。"拿着茶具走向

厨房，心中涌起了无限的思念。

小时候，有一次，我考试没有考好，妈妈狠狠批了我一顿，心里难受死了，巴不得来点儿什么事找个碴，这时看见了爷爷悠闲地躺在摇椅上，心中一股莫名的火蹿了上来，"爷爷，你看我在生气，还不安慰安慰我，反而这么悠闲自在，嘲笑也不带这样的吧！"

爷爷看了我一眼，突然笑了起来。我更不服气了，正要发作，爷爷拍了我一下，指着里屋说："去，拿茶具来，我要泡茶喝，顺带烧点水。"

我愤愤地进了屋，嘴里还嘀咕，就会使唤人，我心情不好，还要叫我干这干那的，真是的。开始烧水，烧水这活最难弄了，老屋是老式的烧水方式，没有电水壶，烧了一会儿，发现水温还是那个半吊子，算了，管它呢，温水就温水了。

我拿着一壶水来到爷爷面前，发现爷爷已经在泡茶了，更加生气了，"你有水，还要我烧，存心的啊！"爷爷看着我灰头土脸的样子，只是微笑着说："坐下来，我教你泡茶。"

我气呼呼地坐下来，盯着爷爷的手，想着找出点破绽，没想到农民出身的爷爷，泡茶还有一手，动作很娴熟。一会儿一阵茶香就飘了过来，茶叶在沸水中起起伏伏，很有一番韵味，我不禁赞叹了一声。爷爷换了茶壶里的茶叶，又拿起了我烧的水，将茶壶倒满。里面的茶叶飘在了表面，清香也没有了，倒一杯一饮，发现味道很淡，基本喝不出什么茶叶味。我疑惑地看着爷爷，爷爷说："人生需要沸水。"我一下子明白了：这茶叶，只有用沸水提炼，才会变成真正的茶，我的成绩也一样，只是不够努力，所以才会这样半吊子。"爷爷，你怎么会知道我煮的是温水呢？"我歪着头，困惑着。"若你真的有这个耐心，就不会如此愤愤不平了，你的个性，我还不了解？"

爷爷，谢谢您，我一定会好好努力，天国的您，一切安好！

一阵淡淡的茶香飘来，茶好了，该是品味的时候了。

"荷"处芳香

虞诗斐

　　七月，在夏日清风的万般催促下，满池的荷花终于开放了。半亩小池中，青翠欲滴的莲叶映衬着红粉动人的荷花。虽说地方不大，可也有那么点儿"接天莲叶无穷碧，映日荷花别样红"的意味。

　　七月，是火热的盛夏，也是令各类娇贵的花朵们最头疼的季节。夏日的午后，骄阳似火，知了的抱怨声充斥了整个世界。烈日当头，娇贵的水仙和芍药低着头，太阳发出的强烈光芒灼伤了她们原本美丽的脸庞，她们再也没有力气像春日中的美丽舞娘一样，在风中舞蹈了。可是，这池中的荷却与那些花儿不同。荷花傲然挺立在烈日之下，与莲叶一起，在夏风中摆动着自己纤细而美丽的腰。她们昂着头，仿佛是向夏日呐喊："我们不是娇贵的水仙和芍药，我们在夏日开放，我们是夏日舞台上的舞者，这是我

一路上有你

们的舞台，就算遍体鳞伤，也要舞得漂亮，舞得精彩！"

夜幕在不知不觉中降临了，一轮明月挂在天空，如一盏泛着银光的灯。微风习习，白天那令人烦躁的闷热不见了，取而代之的，是舒心的清凉。池塘中的荷还在开放着，一阵微风吹过荷塘，送来了一阵淡雅的香味儿。是荷的香味吗？我弯下腰来，折了一枝，放在鼻子前闻了闻，啊，香！那香味不如月桂浓烈，那是一种清香，一种能穿透灵魂的香味。原来，荷的香味是这么神奇呀！

"轰隆隆"，刚才还皓月当空，怎知这时就要下雨了。伴随着阵阵雷声，黄豆大的雨点从空中倾泻下来，荷在雨中更欢了，随着雨滴一块儿欢舞，她笑啊，跳啊，舞啊，尽情地享受着在雨中起舞的欢乐……

雷雨来得快也去得快，世界又恢复了往日的平和。雨后的荷更美了：一片片的荷叶亭亭而立，一朵朵的荷花如一个个文静害羞的少女，而那一颗颗在月色下闪闪发光的水珠则亮若宝石，在宝石的点缀下，荷更加美丽了。在朦朦胧胧的夜色中，荷花刚闭合，她一天的表演结束了。花朵虽然闭合了，却关不住一池清香。

又想起了宋朝周敦颐在《爱莲说》中的那句话"予独爱莲之出淤泥而不染，濯清涟而不妖，中通外直，不蔓不枝，香远益清，亭亭净植，可远观而不可亵玩焉。"荷，没有美人蕉般艳丽的色彩，也没有月桂般馥郁诱人的香味，但她是美的，是芬芳的。荷如君子，君子如荷！她淡雅不俗的花香和高洁的品质使我敬佩。

起风了，远处传来一阵淡雅的花香。何处芳香？噢，"荷"处芳香……

坐在我身边的"猫"

左茹瑶

　　猫，是动物中的奇葩，温柔、慵懒、可爱，每天无忧无虑地生活着。它还有很多其他特点，比如爪子很尖、落地无声等等。正巧，我的座位旁边就有这么一只"猫"。

　　那是一只野蛮的"猫"。凡是遇到什么事或什么人把她惹火了，她准会把"爪子"伸出来。她性子非常急，遇事也不够冷静。有一次，有个叫果实的同学因为什么事在旁边骂她，刚巧她那时心情不好。她二话没说，"爪子"一抬，下一秒，果实就躺在地上，脖子上出现了三道血印。果实的朋友立马赶了过来。他当时的反应是：我再也不敢招惹她了，还有，果实没事吧？再看那只野蛮的"猫"，却在那里淡定地翻着书。

　　她是一只会写作的"猫"。她写过很多篇文章，《夜》《聆听》《悠扬不尽》《星的寄语》等，与她的性格恰恰相反，这些文章都是非常柔美的。她发表了好多篇作文，这也使她慢慢爱上了写作。

她是一只不服输的"猫"。在长跑比赛中，她说要得第一名，而她又是和高年级的同学比赛。起跑同时，我为她加油，更为她担心，担心她会输，但是她拼尽最后一点体力超过第二名选手0.5秒，争得了第一。她获得了金牌，我哭着与台下同学一起为她欢呼。

她也是一只懒惰又馋嘴的"猫"。每次一写完作业，她就会美美睡上一觉，不睡觉时她会不停地吃东西。我时常想，那么多东西她是怎么塞进去的。在学校，她上着课就能睡着，平时发生什么事她都是一副若无其事的样子。她平时总是晕晕乎乎的，当妈妈说完一句话，她总会问："你刚才说什么了？"还有周末回家，她总有东西忘带。

这只"猫"就是我的姐姐左茹琪。她是一只"名副其实"的"猫"。她非常野蛮、轻盈、不服输、懒惰。我非常爱这只"猫"。

阿太"乖宝贝"

吕柳怡

奶奶有个"乖宝贝",她是爷爷的妈妈,我们叫她阿太。

阿太已经九十多岁了,可是她的个子比我还小。奶奶说:"阿太老了,人老了就会变得很小,就像你小时候那样,要大家宠着、哄着、疼着。"

阿太真的像奶奶所说的那样,越长越小,吃饭还要奶奶哄,要奶奶喂,不然就赌气,所以奶奶叫她"乖宝贝"。

早上,奶奶起床后,给阿太熬稀饭,熬得很稠很稠,然后来到阿太的房间,哄阿太起来。

"乖宝贝,起来了,看我今天给你做了什么好吃的?来,我们去洗脸,洗完就吃,乖。"

奶奶一哄,阿太就特别听话,乖乖起床,让奶奶给她梳洗喂饭。

中午，阿太一声不吭，爷爷说，阿太在赌气，不想吃饭。奶奶听了，忙放下自己的碗筷，走过去对阿太细声细语地说："哎哟，怎么了，我的乖宝贝？又跟自己赌气了？来，我们不吃米饭了，我们吃面条，吃它一大碗！吃完了，我陪你聊聊天。"

说来也奇怪，奶奶三言两语这么一哄，阿太便咧开她那无牙的瘪嘴巴，呵呵地笑了起来。

晚上睡觉时，奶奶先钻进被窝，给阿太捂热，然后轻轻地拍着，哄着阿太睡觉。直到阿太进入梦乡，奶奶才去休息。

阿太是奶奶的乖宝贝，自然也成了我们的乖宝贝。每次爸爸妈妈给我买了什么穿的用的，也一定要给阿太买一份，理由很简单，阿太是个"孩子"。每每看见阿太拿到礼物的开心样儿，我总会有一股暖流由内而外地散发出来。

人总会老去，总会去往一个名叫天堂的地方。去年，阿太在睡梦中去世了，很平静，很安详，脸上带着一抹微笑。

阿太，你在天国还好吗？有没有人哄你吃饭？有没有人帮你捂热被窝？有没有人给你买东西？阿太，在那个世界，也有一个像奶奶那样的人，在宠你、哄你、疼你吧！

那 时 雨

黄哲卿

"那是个雨天。"许多故事的开头。

近来是梅雨季节，玻璃窗外侧沾满了细密晶莹的雨珠，我用手指轻轻一敲，几滴水珠开始慢慢下滑，一滴带动另一滴。一面窗就好像自然创造的一幅雨画，雨画里的那些故事浅浅淡淡，轻轻柔柔。

四月末的密雨是萌发的插曲，水花荡漾间浸透着生气与蓬勃。

三年级时难得有老师带我们放一次风筝。前一天晚上老师就让我们有风筝的带风筝，准备第二天放。却不知第二天下起了细雨，滴答滴答还下得挺大。降雨可以搅和许多事情，但很戏剧性的，中午从食堂里走出来，发现淅淅沥沥的雨只剩檐角残余的滴答，心里莫名的就认为这是上天眷顾我们的证据之一。虽然天还是阴沉沉的，但几个活跃度高的男生直接拿着风筝冲向了教室外，在楼下湿乎乎的草坪上拼命跑着叫着，还不停地向我们教学楼上的人招手。他们有时会故意用风筝滑过很大的水洼飞旋出一帘雨幕。他们的脸和这场雨一样生气蓬勃。

风筝最终没有放上天空，老师看到几个男生湿漉漉进了教室。"外面在下雨吧，你们怎么放的风筝呀？""不下雨啊。""真不下。"老师望着窗外笑了笑了，"一切景皆情哪，教室里的人没放风筝都觉得下雨，放风筝的都说不下雨。既然放了风筝，总得写一篇作文吧？"我们女生在座位上捂嘴偷笑。

三年级，那时雨。

八月初是暴雨的季节，雨珠打砸间夹杂着痛快与宣泄。

那时候，记得我还在合唱团里。八月开学的时候有活动，我们这一个团队奔东走西，终于在一个下着暴雨的傍晚圆满结束了演出。当时雨大得好像瀑布泻下来一样，我们在艺术楼里休息和等待家长的过程中间，雨突然间收口。

此时，同学们陆陆续续走了出去，我从来没有看见过这么深的积水，淹到了小腿。不知谁起的头，先是用脚乱踩乱跳，大喊"不爽啊不爽，开学了啊！"水花溅了旁边的人一身，紧接着就没了结尾，连续四五个人到水最深的地方，挽起裤脚就开始打水仗，我被人推了一把，一屁股直接坐进水里，我开始尽情地宣泄，用脚用手使出全身的劲拍打着积水，痛快的感觉让我从那时候起喜欢上了雨。

一路上有你

梁钰材

从厨房到客厅是十步，从客厅到厨房也是十步。用妈妈的步子量，是标准的十步，妈妈在这条路上走了多少个来回，为的是给全家增加营养，改善伙食。

在我小的时候，妈妈端菜，依旧是那标准的十步，只不过那时背上多了个小小的我。长大后，虽然我中午在食堂吃，但妈妈依旧把早饭和晚饭做得那样精细，依旧踏着那永不言弃的十步。是时光，让那乌黑的亮发增加了几根银丝，让那额头增添了几道小小的刻痕。

一次，放学回家，肚子饿得很，扔下书包叫道："妈，快点儿，饿死我了！""来啦！"妈妈说道。就在那转身的一瞬间，妈妈摔倒了，我忙跑过去轻轻地扶起妈妈，问："妈，疼吗？"妈妈盯着我没有回答，却问："好好的十步，怎么变成了十一步？"

“不会吧，肯定是您数错了。”我回答。“没有呀！”妈妈边走边数，“你看，一、二、三、四……”夕阳的余晖笼罩着妈妈瘦小的身影，望着妈妈额头上那小小的刻痕，一丝丝的银发，我明白了十步变十一步的原因。妈妈就像一棵老了的树，风吹弯了腰，叶子不再新绿，而变得暗黄，也不再茂盛，而变得稀稀落落。也许哪一天，连轻如羽毛的阳光也再扛不起来了。“妈，十一步就十一步吧！以后的路，我来陪您走！”我望着妈妈那苍白的面容，泪水不禁淌了下来。妈妈却笑了，笑得那样动人，我仿佛看到了妈妈年轻时那美如花的笑容。

　　以后的日子里，我走在前面，妈妈走在后面；我停下了，回头等等我的妈妈，那个给予了我生命的人，那个为全家操劳的人，那个给了我太多无言的爱的人！

　　妈妈，时光夺走了您那美丽的容颜，但夺不走您对我那份真挚的爱，那通向岁月尽头的路上，我让您孤独地走了七年，我让您走了太多太多的十步抑或是十一步！以后的路，我陪您一起走……

　　那条小路的两旁，开满了美丽的花，俯下身来嗅，扑鼻的花香浸透身心，包裹着每一个细胞，我知道，这是妈妈给我的爱之花，生命之花。

　　夕阳的余晖洒满大地，轻轻地笼罩着整个世界，那薄如雾，轻如纱的光芒，给这一大一小，一老一少镀上了一层金，大手拉着小手，在晚霞的欢送下走向那条路的尽头……

钢琴的真谛

郑晓舸

"这次一定要弹好，一定要。"

人生难免有失意的时候，那一次次的挫折，能使你感悟颇深，让你成长。五岁的时候，妈妈给我报了钢琴班。在钢琴班，我的天赋让我脱颖而出，再加上我每次在长辈面前弹完曲子后，总会收到一两句夸奖的话，时间久了，我骄傲的心态日益凸显出来。

"丫丫都长这么大了，报了兴趣班吧？""报了，"我用稚嫩的童音笑嘻嘻地回答，"钢琴班。""哦！钢琴？不错，吃完饭弹一曲给我们听听。""没问题。"我提高声调自信地答应了他们的要求。饭后，这些来我家聚餐的叔叔阿姨和我一起来到了钢琴边，等待我的"一曲惊人"。我翻看着乐谱，找到了一首我最喜欢、最熟悉的曲子——《斗牛士舞曲》。我坐在了琴凳上，呼出了一口气，按响了第一个重音，接着，我的手指像小鸟一样在琴键上不断地跳跃着。

弹完一曲，我站起身来，向大家鞠了一个躬，回报我的是房间里热烈的掌声。"哎呀，老郑，你家女儿的钢琴弹得这么好啊！""是啊，小小的年纪，啧啧啧……"听到这些话，我的心里美滋滋的，感觉全身都要飘起来了。

"好？弹得好吗？没有一丝感情，这还叫弹钢琴？"站在一边的爸爸一脸严肃地说。我一下懵了，我明明弹得很好啊，怎么爸爸……不知所措的我"哇"的一声哭了出来，泪如雨下……

"你怎么能这样批评孩子呢？孩子还小呢。""不是年龄的问题，学习钢琴不是只要掌握技法就行了的，她弹得太无趣了，学习乐器得有悟性，灵性，得懂得钢琴的真谛。"……爸妈为我的事争论着。

悟性、灵性、真谛，它们是什么呢？

事情过后，我一直为这些问题所困扰。我不停地练习，再练习，在钢琴老师的点拨下，我懂得了，演奏是需要感情的，这就是真谛。解决了心中的困扰，我改变了练习的方式，认真体会曲子中的情感，然后用弹奏的方式表现出来，最终，我感觉到了自己的变化。

当我再一次来到了爸爸的面前时，我的自信不再是来自于弹奏的熟练，爸爸问我："你真的可以吗？""嗯！"我肯定地点点头，从容地再一次坐上了琴

一路上有你

凳，欢快的斗牛舞曲在我的手指间跳跃起来，时而激情四射，时而柔情似水，一曲弹毕，爸爸露出了赞赏的笑容："与上次相比，是一个飞跃，这次的曲子，我听到了感情。"

秋　叶

朱　玟

来到这里，我又闻到了秋天的气息，看到了秋天来到这里的足迹——树叶。这里就是亭湖新区实验学校的植物园，是我们学校的一座"天然氧吧"。

树叶纷纷，落在草坪上，远远看去，像一幅画。我忍不住好奇，便走进植物园里，欣赏秋天的杰作。我捡起一片树叶仔细观察，原来这是绿枫叶。

这片枫叶绿中透点红，红得不失优雅，优雅中带着秋天的足迹。枫叶有六个突出的角。每个角中都有锯边，摸上去，锯边很柔，滑滑的，一点也不锋利，好舒服啊！这些角都有纹理，而且都聚集在中间那个椭圆形叶上。而细一点儿的纹理就延长在深一点儿的纹理两旁。你别看它叶子柔软，其实饱受了苦难，有着坚忍的意志。

绿枫叶闻起来有一股特殊的茶香味，沁人心脾。一阵风吹来，我没有抓紧，这片枫叶已经被吹走了。也许这片树叶会飘零在草地上，让更多的人遇到它；也许它会被蚂蚁捡去当小船；也许会成为青蛙王子漂亮的王宫……

看着它，我想到不久将有一树的红枫叶，是饱经风霜的红，是经过生活历练后的成熟与自然。

我在园中流连，心里默默地赞叹："秋天真美啊！"

一 起 走 过

莫　凡

天空瓦蓝瓦蓝的，无比的轩邈。秋风送来桂花的香味，头顶偶有几片白云嬉闹，小鸟在枝头尽情欢叫……

开学了，我们在新学校相遇了。同是青涩懵懂的女孩儿，同是对未来怀揣着梦想与憧憬。

只记得当时的你右臂绑着绷带，还有你那独特的名字。你总是大大咧咧，毫无忌讳地说："呵呵，上次开车太激动，摔了个狗吃屎，结果就弄成了这副德行！你们千万别模仿。""嗯嗯，至于名字嘛，我爸妈太懒，其结果就是，我的姓取自我爸的姓，我的名取自我妈妈的姓，从此，就有了我这个'伟大'的人物，哈哈哈……"我也跟着笑起来，没错，是你似火的热情，诙谐的话语，以及乐观开朗的性格，总让我觉得你是那么特别。

渐渐地，我们成为朋友。

你总是默契配合我。打饭时，你总是活力四射，我兴奋地大叫：吕娘，你去占位子，我去拿盘子，go，go，go……当我们气喘吁吁坐下吃饭时，小小的喜悦总会填满我的心房。

你我主持班会时，你总是全力准备，翻资料，仔细构思，反复预演。然而真正开始时，我却扭扭捏捏，眼看就要冷场时，你镇定自若地替我控制住了全场。

我们总爱一起谈论那些琐言碎语。我们各自说着自己愉快的假期，我们一起互相倾吐着自己的心情和小秘密，我们一起开心地约好去看《小时代》……

在校园里漫步过，在大街上晃荡过，我们的友谊一直铭记在心里。

风是透明的，雨是滴答的，云是流动的，歌是自由的，爱是用心的，而你，是难忘的。

将心停泊在彩云升起的港湾，偷偷把幸福刻在眉宇心间，用一缕友谊的丝线，将你我紧紧绑在岁月变迁的终点！

满天星，染谁的瞳

吴诗颖

　　光线被一丝丝抽离天幕，似是浓墨泼洒在宣纸上，被渗透吮吸，而那或明如月或淡如水的星星，又照亮了谁的瞳，暖了谁的心？

　　如果你问昼、夜之间我更喜欢哪一个，我更偏爱那给了我们黑瞳的黑夜，它是寂静而美好的。不仅仅是夜的宁静，还有那一盏盏如同明灯的星星。

　　挥袖撒尘，倚坐于一角，仰头，你便可望见它们。它们的排列，好似夜夜如一，又似夜夜慢移，在不经意间便时光飞逝。当我们再仰起头看这些小家伙的身影时，有一些早已隐退，而有一些则勾起嘴角向我们微笑。如我能夜夜有时间望着它们，想必会十分满足。

　　可有时，人们却说，跟那如玉盘般悬挂在天边的月亮比起来，星星也只能算得上是一些小光点，在月亮周围衬

一路上有你

托而已，可我并不愿如此说，因为它们同样美好。

黑夜给了我们漆黑如夜的瞳，可我们却用它来寻找光明。许多人早已在生活的压力下、在时代的变化中遗失了自己，更遗失了自己那最初的梦。谁都想当那轮最引人注目的月亮，而不仅仅是一颗不起眼的小星星，哪怕自己的内心被身体所奴役，也不愿放弃，直到坠入深渊。

其实当好自己的星星真的很好。有的似大熊星，闪烁着为人们指明方向；有的好像不存在，可它却有自己的故事；有的虽不起眼，可它却有自己的价值……点亮整个星空的不只是那最大的月亮，更是所有的星星。它们燃着自己的生命之焰，离我们从来都不遥远。

一颗星星散发的光也许是单薄的，是如丝如缕的，可如果是千万颗星星呢，它们的光终会穿破云层，染亮我们的瞳，那黑幕中的光点会随着我们的动作而跳跃，会跟着我们的身影一起旋转。有一天，也许你会发现，你多的并不只是一种仰头望天的习惯，更是一份坚定和希望！

那满天星，染了谁的瞳？谁的瞳，呼应着那满天星？

学 会 欣 赏

蒲子璇

妈妈爱养花，家里到处都是花。

"妈，我真搞不懂。养这些花有什么用，浪费时间、浪费精力，还浪费钱！""你会懂的。"说罢，妈妈又哼起小曲，优哉游哉地去浇花了。水珠从壶口慢慢地涌出，徐徐地滴到花瓣上，款款地碎开来，渗到土壤中，或许是因为水珠的洗涤，阳光竟变得恬静了。

"养花的乐趣能使我抛开一切俗念，欣赏花儿使我单纯了许多。"妈妈脸上洋溢着欢愉之情，但我依旧理解不了。

为了体验那所谓"灵魂的净化"，我决定亲自种花体验。来到妈妈的"小花园"，便被馥郁的香气团团包围。金色的阳光透过玻璃折射在娇嫩的花瓣上，美得令人陶醉。

　　我选择了一盆君子兰作为我的重点培养对象。每天起床后的首要任务就是去看我的"宝贝儿"，看它有没有长高一些，有没有结出花苞，给它浇水、施肥、松土。时间就在这般幸福的等待中幽幽地度过。

　　可它却迟迟没有开花，长久的等待，让我逐渐灰心丧气。

　　"宝贝女儿啊，快起床了！""妈，再睡一会儿嘛，上学还早。"我抓起枕头蒙住了脑袋。"快点儿啊，你的君子兰可开花了！""啊，真的？"我慌忙来了一个"鲤鱼打挺"，踩上拖鞋，疯跑向"小花园"。

　　我的君子兰顶着乳白色的花朵，散发出阵阵清幽的香气，我的世界即刻熙天曜日起来，觉得这么多天的劳苦都有了回报，特别有成就感。

　　我走向花朵，想抚摸我那辛勤劳作的结晶，谁知花苞竟掉了下来，妈妈站在旁边显得不知所措，一脸的尴尬。我气得掉头就走。无意间瞥见门后妈妈的君子兰，伶俜地待在那儿，原本繁多的花朵少了许多。

　　猛然间，我明白了些什么，向妈妈会心地一笑。

　　也许我没有如妈妈那般沉静的心灵去等待君子兰的花期，但在这等待的过程中，我再次懂得了妈妈的爱。

　　学会欣赏吧——我们身边的爱，如花朵般，一直在静静开放。

春来江水绿如蓝

余文均

　　"呜——"一阵汽笛的长鸣打破了码头的寂静。我和妈妈从船上走了下来，停留在码头上。这是一个偏僻的小码头，江面不是很宽，江水缓缓地向前流淌着，两岸却生长着一片片郁郁葱葱的树木，与洁净的蓝天白云一起倒映在江水中，把江水也染蓝了。

　　一会儿，船缓缓开走了，码头又静了下来，偶尔传来一两声鸟鸣，给码头增添了一点活力。

　　"卖鱼啦，香脆的油炸鱼呀！"这时，一阵清脆、响亮的叫卖声打破了码头的宁静。我和妈妈停下脚步，循声望去，看到了一个身穿红衣服的小女孩儿，正坐在码头边的一块大石头上叫卖。小女孩儿相貌清秀，一头黑黑的秀发扎成了一个长长的马尾辫，柳叶般的眉毛下镶着一双闪着智慧灵光的大眼睛，高高的鼻梁下那张带着甜甜笑意的

一路上有你

小嘴让人忘却了码头的僻静。在她的身边，摆着一个旧篮子，里面用塑料袋装着金黄金黄的油炸鱼，让人忍不住直舔舌头。

"看你这小馋猫，又忍不住了吧。"妈妈看到我的馋样，伸手戳了一下我的头，然后走到小女孩儿的面前，指着篮子里的小鱼，笑着问，"小妹妹，这小鱼怎么卖呀？"

"不贵不贵，非常便宜！一元一碗。"

"好，那给我来两碗。"

"阿姨，你先尝尝吧，如果觉得好吃，你再买。"

"如果我们尝了不买的话，那你不是亏了？"

"不要紧，这都是我爸爸自己下河捞的，没花什么本钱。"

我忍不住用手轻轻地夹了一条小鱼放进嘴里，细嚼慢咽起来："啊！真好吃，又香又脆！"妈妈听我这么说，也夹起一条小鱼尝了尝："嗯，味道确实不错！小妹妹，你还有多少小鱼？我全买了。"

小女孩儿一听，高兴极了，站起身，看了看篮中小鱼，略一思索便说："阿姨，所有的小鱼都在这篮子里了，就算你五元钱吧！"

我看着篮子中的小鱼，可绝不止五碗，至少应该有八碗，哈哈，我们赚大了，连忙催妈妈："妈妈，快掏钱吧，我等不及了。"

可妈妈却掏出十元钱，递给小女孩儿："这么多鱼，哪里只值五元呢！拿着，不用找了。"

可小女孩儿连忙推辞："不不不，只要五元，就五元。"妈妈不由分说，把钱塞到小女孩儿的手中，一手提着装着小鱼的塑料袋，一手拉着我急忙转身往前走。

正当我在心里埋怨妈妈真傻时，身后传来了小女孩儿着急的声音："等等！你们掉东西了，就在那块石头上面！"

我和妈妈急忙停了下来向后望，看到小女孩儿正朝我们猛力地挥手，然后指了指旁边的石头。我们疑惑地相互望了望，转身向小女孩走去，可小女孩儿却提着篮子一溜烟地向江的另一头跑去了。

来到那块大石头边，我们并没有看见什么东西，只有一张皱巴巴的五元钱。

妈妈拿起钱，连忙大声喊："哎，小妹妹——"可是，小女孩儿已经跑远了，只留下一阵阵银铃般的笑声，在江水上空回荡。

湛蓝的江水静静地向前流淌着，一直蜿蜒到天际，与蔚蓝的天空融在了一起，此情此景，让我想起了一句古诗："春来江水绿如蓝！"

一杯茶，一盏灯

董灵蕴

推开门，满屋茶香。周老师微笑着，接过我肩上沉重的琴包。

回琴开始了，我的手生涩地在琵琶上来回拨动，发出断断续续的声音。"这里，弹得不对！"周老师用修长的手指轻轻地指着琴谱。我点点头，担心地望着老师，害怕要发生"狂风暴雨"。老师笑笑，轻轻地摸了摸我的头，一边轻快地哼起旋律，一边拉着我的手，在四根琴弦上起起落落，寻找正确的音符。周老师的手轻轻地在我腿上打着节拍，说话声音缓缓的，不像妈妈没完没了的唠叨，也不像枯燥的音乐课本深奥难懂……温柔的声音就像山间的一股清泉，缓缓流过我的心田，一串串音符像施了魔法似的钻进我的脑子里，生根发芽。

生涩的琴声渐渐变得流畅，我的手心、额头开始渗出点点汗珠，手臂慢慢酸痛起来，节奏也不由自主慢了下来。周老师起身，递过几张纸巾。我接过来擦干手上的汗。"累了吧？歇一下。"周老师笑眯眯地递来一杯红茶。暖暖的茶水滋润着我干干的喉咙。"今天老师烧了一碗银耳汤，先尝尝！"周老师变戏法一样，又端出一碗看起来极鲜美的甜点。我开心极了，赶紧品尝老师的好手艺。甜甜的滋味到了肚子里，我的精神头一下回来了。周老师最了解我这个小馋猫，总是在我回琴时准备一份小点心。

夜，渐渐地深了。一个小时的学琴时间到了，可我还有个指法没掌握好。"来，老师和你一起弹！"周老师抱起琵琶，"大珠小珠"倾泻而出，我赶紧跟上节奏。琴声，终于动听而流畅。

当月儿挂上柳梢，我也该回家了。"周老师再见！"我推开房门，挥挥手。外面好黑，连盏路灯也没有。今天第一次晚上来回琴，我感觉心慌慌的，好像脚步都迈不出去了。"别怕！"一双温暖的手搭在了我的肩上。我转头，是老师！她牵着我的手，按开手电筒，一道雪亮的光撕开了楼道的黑暗。我的恐惧感消失了，脚步也变得轻快了。

一杯茶，一盏灯，还有温柔的微笑，温暖着我的琴声，永无止境！

人生如花

谁也不能给你未来

许　悦

阴郁的天，沉重的心。

看着卷子上鲜红的数字，听着老师一个个报下来的排名，我的心里惴惴不安……"××，班级十名，年段……"恍惚之间也并未听清一串串的数字以及其所代表的成绩好坏、排名高低。"许悦！"忽地被点到了名字，似被倾头泼下了一盆冷水，蓦然清醒而不再一脸呆状。讲台上，感觉老师的眼光像锋利的刀子，淬了"失望"和"不满"两种毒药，往我心上猛扎下去。"班级第十九名，年段两百八十九名，相比上次的成绩跌了足足——"老师的声音充满着叹息，"九十名"。全班不由地响起了一片此起彼伏的抽气声和各种小声的议论。

后来也不知老师又再说了些什么，我似聋哑了一般，就那样静坐着。

"你这样下去，不行，你最近的心思都到了哪去？我们几个老师对你都抱了很大的期望，你要明白……"一阵语重心长的教诲后，班主任摆了摆手，"其他科目的老师在办公室等你。""嗯。"我重重地点了下头，往办公室走去。

"许悦来了啊。"当我走进办公室，发现各科的老师带着几分关切的目光望向我。董老师，给我仔细地讲了关于写作方面的要点和做课外阅读题时要注意的事项；许老师，跟我说了选词填空时单词变形的重点……几个老师跟我谈完了以后都陆陆续续地走了，现在就剩我们两个呢。"听你们班主任说，这次考试你的数学成绩在各科中已经算最好的，但我还是不太满意，九十三分，我觉得你的水平不止于此吧。开学时我第一个注意到的就是你呢，一头颇为清爽的短发再加上你性格阳光开朗，最吸引人的是一双仿佛会说话的眼睛，很有灵气。"她停了口，起身去端来两杯绿茶，递了一杯到我手心。

轻嗅着茶香，带着一缕热气的芬芳气息弥漫了整个办公室，淡淡的香和暖充斥着心间。叶老师晃了晃手里的绿茶，柔柔地开口："是不是很香？要知道它可是经过沸水的冲泡才有了现在的芳香，倘若只用温水冲泡，就失去了这份味道。你可能以为，有疼爱你的父母，即使你不去努力，不去体会汗水和辛苦，他们也会为你铺平道路，给你一个美好的光明的未来。但你可知道，就像这茶，没有经

人生如花

过沸水的冲泡岂能散发如此的芳香？只是在温水的滋润下它不会流露出那它本身拥有却未显现的清丽芬芳。老师要告诉你，在这条人生的道路上，谁也不能给你未来，你的未来要靠自己去闯，去拼搏！经过了'沸水冲泡'的你才会显现出一个真真实实的，一个蜕变成蝶，破茧飞翔的许悦！"

走在回家的路上，老师们或严厉，或和蔼的话语一一浮现在心头。我庆幸，我的老师从未放弃过我，从未因为我的成绩下滑对我不管不顾，而是以谆谆教诲唤回了我不小心迷失的心灵。

谁也不能给我未来，那么，我自己开创！

谢谢你们！我亲爱的老师！

一个大写的人

李含婷

　　时针、分针、秒针不停地转动，转成一个又一个五彩斑斓的日子，汇成一条长长的时间之河。然而，伴随着一张张熟悉而又陌生的面孔，在叛逆的青春中，闪过了又一年宝贵的时光。

　　开学了，一缕柔和的阳光透过叶缝挤进教室，在课桌上欢快地跳跃。

　　"嗒嗒嗒。"听见皮鞋与地板撞击发出的清脆的响声。"咳咳……"一个年过中年的男子捧着一摞科学课本走进教室。两道浓浓的眉毛，细长锐利的眼睛，轻抿的唇，一脸坏坏的笑。他扫视了一下眼皮底下的同学，像女人一样翘起兰花指，摘下架得高高的老花镜，笑了笑，说："我姓谢，我以后就是你们的科学老师。"

　　我倚着桌子，惊奇地望着他。花衬衫，七分牛仔裤，很老式的皮鞋。这到底是一个怎样的男人？

"哟，老师，您可真时尚。"在一片嘈杂的议论声中，这个独特的声音显得特别突出。

"那是，那是。"他呵呵地笑着。

他翻开手中显得很旧的科学课本，开始讲课。他讲得有声有色，连平时爱睡觉的我也打起了精神。他讲课的声调时高时低，仿佛山间的清泉缓缓流过我的心田。同学们完全被他讲的课吸引住了，随着他脸上的表情，时而凝思，时而神采飞扬，时而频频点头，时而低头微笑。

开学第一天，科学作业并不多，接下来的学习中才发现，科学作业也并不比其他作业少。

"哎，真讨厌，这么多作业。"奋笔疾书中，我不满地抱怨那一道道烦人的科学题，一张张烦人的科学试卷。也许是作业多的原因吧，又恨乌及屋地讨厌起科学老师。

"保佑啊，科学老师别来，还我们一节技能课吧。"教室里到处弥散着这种哀怨的声音。"啊，美术老师，爱死你了。"雷鸣般的掌声响起。我从窗口瞥见，科学老师正默默地站在窗外。随即，他走开了，我没有去在意。

有一天中午，我带着科学试卷探头探脑来到办公室门前。问，还是不问？真纠结。不问？可是这题我又不懂，万一考到了，怎么办？问，他会不会骂我？这么简单的题目都不会。算了算了，豁出去了。

"报告。"

"请进。"他没有抬头看我，只是默默地改着手中的试卷。他面前的一大沓试卷，好像在告诉我什么。

"老师，这题怎么做？"我忐忑地指了指试卷上的题目。

他拿过试卷，"我看看吧。"

"咳咳咳……"这一声声的咳嗽仿佛把办公室凝固了。

"老师，您没事吧。"我小心地问。

"没事，只是没休息好，太累了。"他揉了揉太阳穴。

"要不我明天再来问吧，您先休息一下。"

"没事，跟你讲了吧，学习才是最重要的嘛。"他笑了笑。

他耐心地讲着，我却有点走神。看着他憔悴的侧影，心里涌起一股暖流。一束阳光照在他的身上，拉长了他的影子，是一个大写的人！

母爱，洒在儿女的路上

张　含

　　每个周末，心情都很欢快，放学后，简单收拾一下，踏上我那辆破旧的自行车，一个人在公路上拼命前行。

　　过时的车型，斑驳的车身，就是这一辆老车，送走了姐姐，送走了哥哥，一眨眼，它陪伴我也快二个年头了。

　　穿过这条车水马龙的公路，穿过一片田畴，再绕过一片树林，歪曲的小路的尽头就是我的家。一路上神思飞扬，思绪就像这辆旧车，在空旷的原野上飞快地奔跑着。

　　远远地，就看见母亲早已站在家门口的那棵大枫树下。太阳还未落山，枫叶还未落尽，夕阳的余晖洒在母亲矮小的身上，这样的画面曾出现在姐姐、哥哥的视线里，也一直定格在我的心里……

　　十几年前，当我还在蹒跚学步时，每到周末，母亲总是牵着我，身旁站着哥哥，在这枫树下等着姐姐的归来，第二天的早上，母亲又一个人把姐姐送出山林。冬天清晨雾大，回来时母亲的头发已湿了大半。

后来，我上了小学，哥入了初中，母亲仍继续着她的工作。清晨最早起床，装好几瓶菜后，放在哥哥的包里，走前，还要哥哥拿几根热腾腾的山芋，装在袋里。然后，哥推着车，母亲拿着电筒送哥走出这乡间小路，直到上了公路，目送到望不见的地方才独自一人归来。

如今，姐早已大学毕业，找到了自己的工作。哥也以优异的成绩考上大学，求学他乡。不知不觉地，我接过被姐姐哥哥骑旧了自行车，也"接过"母亲的爱，来回奔波在这条熟悉的乡路，这条见证了母亲来去匆匆的脚步的乡路。

这乡路一头是家，是日渐衰老的母亲；一头是学校，是一个无比宽阔的世界，是一个美丽的梦。为了帮儿女们圆一个梦，母亲的汗水洒在这条崎岖的乡路上，母亲的青春与美丽也遗落在这段泥泞的乡路上。

母爱如海，儿女们一个个沐浴在这爱的海洋里……

多少个日子与我辞别，多少次往返于这段老路，多少个黄昏望见门口的母亲，多少次心头一阵暖意，多少次燃起几丝火花。

岁月的记忆正如这秋天的夜晚，真实而深沉。

又是一个在校日，夜深了，校园一片阒寂。抬头凝视家乡的方向，我想母亲的那盏灯还在点着吧！

母 亲 的 泪

刘夏轩

　　天已经黑了，我在昏暗的月光下摸索着向家赶。"屋漏偏逢连夜雨"，路上，我的车链子突然断了，我只有推着车子，一步一步慢慢往家走。平时骑上车子不觉得路有多远，走路就不一样了，加上学习了半天，我是又累又饿又焦急。回到家里已经快九点了。一进家门，我分明看到母亲满脸的怒气，她不分青红皂白就向我喊道："你还知道回来？"我心里本来就很憋屈，此时心中的火噌地一下就蹿了上来，我向母亲喊道："不要你管！"母亲没有说话，只是呆呆地站在了那儿。我扔下了车子，向房间跑去，很用力地摔了一下房门。

　　父亲知道我没有吃饭，过来叫了我好几遍，我都故意不作声。父亲说："你怎么能跟你妈妈那样说话呢？这么晚了你还没有回来，知道妈妈有多担心你吗？她来来回回到村口等了你好几次，她把你最爱吃的菜放在锅里温着呢？"

一瞬间，我的心像是被什么东西猛刺一下，很痛，泪水模糊了我的双眼。我想去找母亲，但又羞于脸面，最终还是没有去。

第二天一早，我很早就起来准备上学，看到餐桌上早餐已经准备好了，我的眼睛又模糊了。我知道那是母亲做的，便轻轻地向母亲的房间走去，母亲正躺在床上。她知道我来了，在我来到她跟前的时候，她迅速地闭上了双眼。此时，我看到了母亲夹杂着银丝的黑发，看到了母亲额上被岁月耕耘的沟痕。我不禁为自己昨天那粗暴的言行后悔不已。母亲的眼睛仍然闭着，但我看到了从她的眼角流下了两道晶莹的泪水，我知道那泪水写满了母亲的委屈。

母亲用她一生的艰辛诠释着对我的爱，我却如此伤她的心。现在的我，懂得了——母亲的泪、母亲的爱。

白云奉献给蓝天，绿草奉献给大地，母亲把一生都奉献给了我，我将拿什么来回报她呢？

书法真让我着迷

于　桑

大千世界中，总有些令人着迷的事物，而最令我着迷的，便是充满墨香的——书法。

儿时的我调皮好动，根本耐不下心来去干任何一件事，四年级时，妈妈给我报了书法班，我是十分不情愿的，一脸愁相。本以为自己根本坐不了一下午，但我错了，当我拿起毛笔，浸上散发着清香的墨汁时，我便像定格了一样，出神地望着那一个个充满力量却不失柔韧的毛笔字，啊，多漂亮呀！我激动地拿起笔，学着老师的样子，看着、描着、写着，就这样日复一日，年复一年，我已有了不小的成就。

我是最喜欢柳体的，所谓柳体便是柳公权所创的字体，笔画较细，没有颜体的丰满也没有欧体的狭窄，当我拿到《玄秘塔碑——柳公权摹本》时，激动极了，赶忙坐下，认真地、痴迷地描啊、写啊，时光变得极其安静。恍惚间，仿佛身边的一切都不存在了。

有时我会想象，在一间安静的屋子里，一个挺拔的身影，俯着身，手腕转动着，时而缓慢，时而急促，不急不躁，转瞬间，便有一个漂亮而刚劲有力的字呈现在眼前。柳公啊，他有多广大的胸怀，才能写出这样一个个充满激情与生命力的字呢？

书法是艺术，它会使你安心去享受每一刻的沉静；书法是心理医师，帮你拂去心里那一股股毛躁；书法是一位哲学家，要你细细品味其中的奥妙。

书法，当真令我着迷……就这么一直着迷下去吧！

枣 花 赞

周 航

在老家的窗前，有棵枣树，那是爷爷年轻时栽下的。春华秋实，开花结果，循环往复。每当乳白色的枣花落满地时，我总在想：白色虽演绎着纯洁，但终逃不过落幕的黯然。

我还是热爱着辉煌，像牡丹。"庭前芍药妖无格，池上芙蕖净少情，唯有牡丹真国色，花开时节动京城"，"绝代只西子，众芳惟牡丹"。牡丹自古就是人们追求的圣花。我不是陶渊明，没有归隐的高洁志趣，我只是爱恋着牡丹，恋它倾城倾国的艳丽，羡它独具一格的孤傲。回到城里，小区的花园里就种着几株牡丹，开得大大方方，昂头俯视着它周围的生物。只有它，雍容华贵。富丽端庄，芳香浓郁，真不愧为"国色天香"。

流水潺潺，叶落纷纷，荏苒的时光就这样悄悄地消逝了。我已好久没看望那几株牡丹了，空闲时来到小区花园里，然而显现在我面前的，却是繁华落尽的一片枯竭。爱慕的心情顿时被失望掩盖了，剩下的只有自信毁灭的惨淡。那牡丹已没有了昔日的光辉，我的心也由此失去了希望。

中秋放假回到老家去看望爷爷，书房的旧书桌上还摆放着那几本我心爱的书籍，书页随着微风轻轻翻动，我还记得我夹在书里做成书签的牡丹花瓣。现在看来，已是褪去了的娇艳还在诉说着当日的辉煌。"惆怅阶前红牡丹，晚来唯有两枝残"，正当我为此叹息时，爷爷为我端来一碗洗好的枣子，眼里带着满意的光芒："今年又结了那么多！"我拈起一颗枣子放进嘴里嚼，又脆又甜。爷爷说："吃枣子健脾补血，对身体很好的。"望着那一碗通红的果实，我不禁感动了起来。

以前总是看不起那星星点点的白，一点儿也不生光辉，而它现在似乎在无声 告诉我，谁是胜利者。当鲜艳的牡丹正值繁华的季节，它却怀着小小的希望，结出饱满的果实。此时，牡丹也不禁在它面前低头，然而它还是那样默默无闻，看起来平淡无奇。他要完成这生命的轮回——一次又一次的繁花满枝，一次又一次的结出果实。枣花虽小结硕果，牡丹好看空中谢。枣花在我眼中忽然绚烂起来，让我心生了敬意，我终懂得了真正的辉煌是什么。

行走在人生的道路上

郑佳欣

人生很短，有时甚至让我们来不及感叹。行走在人生的路上，我们要学会发现。发现人生路上的真情，发现生命路上的亲情和友情，发现人生路上的点点滴滴，并且珍惜我们今天所拥有的一切。

行走在自然中

自然，我曾以为是陶渊明的"采菊东篱下，悠然见南山"，是王维的"独坐幽篁里，弹琴复长啸"，是常建的"蝉噪林逾静，鸟鸣山更幽"……随着年龄的增长，当我一次次看到秋天树叶犹如蝴蝶一般飘落一地，看到池塘里的鱼儿欢快自在地游来游去，看到楼下的老人平静闲适地下着象棋……我才明白，自然是心灵，而不是环境。拥有一颗处变不惊的心灵，即便身居闹市，也能"心远地自偏"。

行走在书籍中

读书，是一种思维的训练，人格的修炼，内心的历练。所以，爱读书的人，说话有分量，掷地有声；为人有雅量，豁达淡泊；生命有质量，深远厚重。正如季羡林先生所言："天下第一好事，还是读书。"行走在书中，提高了修养，增长了见识，开阔了视野，陶冶了情操，净化了心灵……我体会到了读书带给我的诸多乐趣。

行走在生命中

小草把绿色献给春天，使它的生命变得精彩；清泉把甘甜流入干渴者的心田，使它的生命变得精彩；红日把温暖传递到严寒的隆冬，使它的生命变得精彩。行走在生命中，我们要使生命绽放出耀眼的光芒。巴金说过："寒冷寂寞的生，不如轰轰烈烈的死。生命如果没有意义，那么就尽早结束它。"

行走在人生的路上，我们要用独特的眼光观察世界，用细腻的心去感悟世界，即使遇到了挫折磨难，也都能化解。怀着一颗知足常乐的心，珍惜所经历的点点滴滴，就会发现人生一直很美。

精彩地活着

付佳辉

我现在的个头比妈妈还高了，但现在的自己，似乎还是个懵懵懂懂的孩子，是家长眼中的娇花，是老师心中的幼苗。其实，我知道，自己的人生还没真正开始。其实人生不是你我想象的那样简单，人的一辈子会经历很多的酸甜苦辣，会遇到很多意想不到的事情。

前几天放学回家，习惯性地打开电视，看见一个综艺节目中出现一个没有双臂的青年，他，瘦高的身材，平凡的相貌。从一上台开始，他脸上的笑容就一直没有消失过。他叫刘伟，他曾经热爱运动，但因意外事故而失去了双臂。虽然厄运降临，但他仍满怀信心地走进了音乐世界。当评委问到他，你现在都已经功名成就了，为什么还要上这来，他和搭档坦然地说：来这的目的只是想唱歌给大家听，鼓励更多有才艺的人去展示自己。

他们开始唱了，一首《梦想的符号》震惊了全场，感动了全场。

他失去双臂，却能用双脚弹琴，用心去弹琴。他认为只要对人生还充满希望，生活就不会放弃他，老天还会眷顾他。

他曾说过："我的人生只有两条路，要么赶紧死，要么精彩地活着。"他选择了后者。正因当初他选择后者，才会有今天的精彩。这一句话，似乎瞬间让我明白：活着，就要痛痛快快地活。

他的歌中有一句词是这样的："我会坚持我的骄傲，至少我还能被拥抱。"这一句歌词，足以让很多人拥有了坚强，又找到了生活的希望，即使生活再复杂、再枯燥、再艰辛，也会有勇气去面对。

生活要用坚强的心态去面对，要用足够的勇气去面对，这样，我们才能更好地去生活，并把生活经营得更加精彩。这就是一个无臂青年给予我的关于生命意义的启蒙。

蝴蝶与花香

彦 沁

在人生路上，或喜或悲，体会了世间百味，我们以自己独特的方式行走在未知的路上，而我，却独留恋于花海中，享受着花香带给我的慰藉。

初进花海，难免会有哀伤，不知是精神上的麻木，还是体力上的透支，竟闻不到一丝的花香。就在这时，一只蝴蝶奇妙地进入我的视线。它很美丽，有着五彩斑斓的外衣。它忽高忽低的飞行姿态引起了我的注意。当我靠近看时，才发现它一侧翅膀竟然受了伤，我恍然大悟并开始怜惜这个小生命。就像我一样，不管经历了多少伤痛，总要学着坚强。

我一直期待着这只蝴蝶给我带来别样的惊喜。也许是劫后重生，虽然会有些踉踉跄跄，这只小生命在片刻歇息后依旧努力往上飞着。隐约中，似乎已闻到了淡淡的清香，那花香可以让人重燃希望的火花。那只蝴蝶奋力地挥动着翅膀，而我却生怕它掉落下来。果然不出我所料，它无力地掉落在花瓣中，显得如此娇小可怜，那沁人心脾的花香又好像消失殆尽了。神奇的是小生命再次打开它的翅膀，努力，努力，再努力地向上飞着，我的心也跟着激动起来，那花香又迎面扑来……那蝴蝶不断地努力，它仍然向往着蓝天……它成功了。

我默默地看着小生命渐渐飞去的背影，又想到了自己，思绪万千，茅塞顿开。那是坚强的花香，是希望的花香。记忆中，那曾一度颓废过，黯然神伤过，落寞过的我，又算什么？难道就比不上一只蝴蝶吗？

独自漫步在花海中，思索，回味。那是让我成长的地方。

大山的早晨

陈发兰

　　喜欢空山鸟语这句成语，它代表了大自然的生态美，给人以一种无限的享受、温馨感觉和痴妄的联想。山中喧哗是一种意境，空山鸟语也是一种慰藉。在大山里，让人感受了到了鸟语花香美不胜收的妙境。

　　漫步与群山之中，崇山峻峭、江水奔流、满目苍绿、百鸟飞翔，让人享受着美景的熏陶与大山的热情与浪漫。

　　只见水面雾气轻轻上升，犹如一江水烧开一般，水汽不停地向上升腾，越过山岭，飘然而去……时而滚出一团团棉絮，时而化作长长的绫罗，绕着这个山峰飘忽而来，又悠然在另一处山峰飘忽而去。似白色的蘑菇在云海中游荡，像海市蜃楼在群山中显现。忽然，一个火红的圆球从东方跃然升起，冲破厚厚的云层，落在山峰上，冉冉升起。金色的光芒洒在群山顶上，射出万道金光，群山沐浴在金色的霞光之中，五彩缤纷，娇艳动人！

　　山下面，鸟雀叽叽喳喳，在这几乎是空旷的山野，与江水的流声相和，更显出山野的幽静。鸟类那欢快的鸣啁听起来特顺耳，一种在大自然中欢悦的感觉油然而生。江水昼夜不停地流淌着，养育了两岸的人民，并给他们带来无限的福祉。空山鸟语，流水潺潺；山中人来，流水依旧，一幅大自然与人类相处和谐的美丽图画跃然眼前。

　　在山涧沟里，农妇们提着竹篮去洗衣服，禁不住清澈泉水诱惑的少女也常在那里洗头打扮，那份快乐，那份自由。阁中姑娘不闺中，泉水美丽心仪动。笑声荡漾群山之间，美好记忆永驻心田。大自然奥妙无穷，巧夺天工，给予人类如此善良、美丽的馈赠。

人 生 如 花

李 煜

疾风扑面，暴雨初歇。

我已经不知道这是我在这陌生的城市的第几天了。为了帮我治病，爸爸和我来到了这儿，这儿和我的家乡很不同，我很不适应这里的一切。正值梅雨季节，这儿天天都在下雨。我被困在了房间里，等了好几天，雨终于停了，可是我心中的愁却是"剪不断，理还乱"。

走在附近的公园里，任凭愁雨打湿我脆弱的心。过完这个暑假，我就是一名九年级毕业班的学生了，那样快节奏的生活，那样重的学业，我病弱的身体可以承受得住吗?

想着想着，我的眼泪犹如关不住的水龙头，哗哗地往下流。我仰起头，仿佛只有这样才能不流泪，猛然间，一朵广玉兰的花苞映入我的眼帘，因为连续几天的暴雨，它已经低下了高傲的头，有些狼狈。我想，此时的我应该和它一样吧？

　　接下来的几天，我除了做检查外都不愿走出病房半步。之后的几天，我又做了手术，做完手术的第二天，我极不情愿地离开病房，但是爸爸还是硬把坐在轮椅上的我推了出去，因为他听医生说，晒太阳有利于我早日康复。爸爸先把我推到了走廊的尽头，那有一扇窗户，透过窗户，我可以看到附近的公园。无意间，我又看到了那个花苞。往日狼狈、瘦小的花骨朵，现在已经绽放出美丽的笑脸，全身洁白如雪，宛如圣洁的仙女。我想：它的生命力是多么顽强呀！在连续几天的暴雨里，它还是坚持开放，把自己最美丽的一面呈现给人们。我为什么不能像玉兰花那样呢？我为什么要小看自己？"风雨中这点痛算什么"？

　　暴雨初歇，微风拂面。于是，一个强烈的念头冲进了我的心里：我要开花！我要开花！

　　花朵或许不能绽放整个夏天，但它毕竟开放过，芳香过。我也要花儿一样，开放自己，我要用灿烂的微笑来面对人生，让我的人生从此更精彩！

绿色邮筒，茶色信封

王睿琪

常听妈妈说，在她年轻的时候，虽然已经有了固定电话，但她还是会不时地写信给朋友和亲人们，一是因为省钱，二是因为已熟悉了这种方式，已对书信产生了一种依恋的情结。我想，我是可以理解妈妈这种心绪的。

书信，无论是对寄信人还是对收信人而言，都是一种极大的心灵享受。

寄信的人，在欣赏过自己清秀的字迹后，会将寄托了满满思念的信纸仔细地翻转，对折，用指甲轻划过纸边，然后小心翼翼地塞进信封。若写信的人是充满生活情趣的，便会用指尖捻几叶香茶或是风干的花瓣，撒在这信封之中；希望收到此信的人会因这清新的香气而神清气爽。夜晚写下的信是不会当天就寄出去的。于是，将这清香的信放在枕边，此夜尽可伴着装满思绪的纸页安眠。次日一早，便会在或上学或上班的途中，按下自行车的手刹，将早已工整地写好了收信地点与收信人的信封，轻轻地塞入已经微微褪了色的绿邮筒中，清晰地听见那信"啪"的一声落在筒底或其他的信件之上，才会安心地走开。离开的路上，哼着小曲儿，想象着对方收信和回信时甜甜的笑容，以及在某一天，邮递员会敲开自己家的门，送来一封同样带有清香的回信。

收信的人，双手接过信件时，会最先低头看寄信人的名字，若是合意，便会微笑着轻启信封——当然，若是两人经常用书信联络的话，只是凭着那熟悉的花香或是奇妙的知觉，还未看地址姓名便可断定是谁寄的信。轻轻撕开，或是用小刀割开，或是慢慢地享受其过程——用手轻轻捏鼓信封，便会芳香四溢，心中所念，如此清凉的芬芳气息，应是某个有心的朋友寄来的。花香尽散后，即抽出信纸，打开来读，细细品味，会突觉这字里行间的淡淡情谊，与茶香或是花香尽融，拂于额间。读过了信，便是要回信的。若是收到信后，用电话或是QQ，电子邮件回应，必然是兴致全无。若是聪明些的人，定然知道要效仿寄来的信，亲笔写，亲手寄才好。

如今，书信的时代正在远去，用其他方式联络，虽然方便，但总觉少了份乐趣。闲情逸致时，我还是忍不住倾斜笔尖，在斜阳下挥洒墨水于信纸之上，于信封中撒几叶香茶，将写好的信装入，封好，第二天投入邮筒之中。

无合适之人联络，于是，在投入邮筒之前，我写的收信人是，我自己。

含泪的微笑

郑 卓

童年，童年是何时走远的呢？

模糊地记起，童年仿佛是一个美丽的气泡，泛着梦幻的五彩颜色，飘进一个雨天，悄然融入了雨的世界，消失不见，只荡起一波斑斓。在雨里像含泪的笑脸。

六月了，看到了盛开的广玉兰，看到了考场四周飘扬的五色警戒线，有些缤纷的碎片开始拼凑，像拼凑一个梦，那是记忆呀，那是童年的记忆！像幻灯片似的，在缤纷的光线中，一帧帧地跳动——街角的橡皮筋，后墙上的粉笔画，转动的玩具……最终定格在一条漾着阳光，铺着绿色的路上，路上蹦跳着四个身着蓝白校服的小孩。是我，和我的小伙伴。那应该是个节日，小孩儿的节日，是这几个小孩儿最后一个节日，他们在学校开心度过了联欢会，正回家呢！

“哎，你手里是什么糖呀？”

“是酥糖，我不喜欢，你要不？”

刚要伸手接过那躺在小手里的“大虾酥”，“扑棱——”一阵绿色的雾从脚底飞起，笔直地向前窜去。

“好大一只蚂蚱呀！快追！”四个小孩儿毫不迟疑地撒腿就跑。

“飞到哪里去了？”没有了目标，大家都机警地站着，生怕弄出一点儿声响。看到了，大家互相递了一个眼色，然后齐刷刷扑向了一个草丛。顾不上青草扎手，也顾不上草汁是否染绿白色的上衣，四个孩子挤在一片草上，绷紧了神经，轻轻地翻开手掌：

“咦——哪儿去了？”

“在那儿！”又是一阵的忙乱，四双小手忽而扑向这儿，忽而抓向那儿，眼睛紧盯着每一片草的动静——从没这么专注过，额上都渗出了细密的汗珠。又是一阵翻腾扑按，终于攥紧了那肥硕的扎手的蚂蚱，只露着两根抖动的触须。

“好像是只……什么呀这？”夏日中午的阳光毫不保留地洒下来了，铺在每一片草尖上，滑过小伙伴的额角，鼻尖。草地上，跪着四个可爱的小孩，四张红扑扑的小脸凑到一起：“张开手吧，看看这是个啥。”远处麦田里有只野鸡咕咕叫着飞走了，小孩儿们也顾不上看，四双眼睛紧盯着中间一双小手，终于——

人
生
如
花

"扑棱——"

"呀！又飞了，快追。"紧接着，又是一次混乱却兴奋地追逐……那天中午，这阵绿色的雾一次次从手中升起，又被一次次攒回手心。小孩们来回追逐，无比开心。

几丝雨落了，敲打着我的记忆，清脆动听，可是呀，这只是记忆。

长大，长大是何时开始的呢？

渐渐懂得了思考，懂得了追求，看到了这个真实的世界，感受到了责任，爱与期待。长大后的阳光仍旧灿烂，虽然偶尔会飘起雨，像是天空的泪。但是雨说，它是天地的联系，是串联记忆与现实的纽带，下起了雨，便可以痛痛快快地回忆，就算流泪，也满是幸福。

仰起头，冥冥中又看到那彩色的气泡，它在不断上升上升，终于在未知的高度绽放了，一片灿烂，像雨中的彩虹，是含泪的微笑。有液体从眼角滑落，我笑了，满足幸福地笑了。

时间走远了，人长大了，记忆却还在身边。

谢谢伙伴们，陪我长大。

梦 回 三 国

——三国人物品析

徐原灏宇

　　为什么我的品评没有从五虎大将开始，而先评魏延，是因为他身上有太多的地方值得我们思考。

　　关羽义释黄忠一命，黄忠来日射中关羽帽缨。我明白了什么叫"滴水之恩涌泉相报"。为此，黄忠几乎为韩玄所杀。后来乃是魏延杀掉韩玄，救出黄忠，将长沙城献给关羽。但不可思议的是，诸葛亮竟然要杀魏延，理由是"魏延脑后有反骨"。有无反骨我们不得而知，我们看到的却是魏延屡立战功，他斩王双，救马谡，为夺取汉中立下了汗马功劳。

　　难道这些都可以磨灭吗？难道以拥蜀为主题的《三国演义》，就不能还给魏延一个公道吗？不错，他权迷心窍，人皆让之，但功大于过呀！什么叫"怜其勇而用

人生如花

之"？什么叫"此人勇有余而心不正"？他不想为蜀汉建功立业吗？若善用之，他最后还会反吗？

一出祁山时，魏延本想从子午谷出斜谷，直取长安。但诸葛亮没有采纳。理由是：魏军不会不防，诸葛亮向来用兵谨慎，不肯弄险。

但问题是，对手是夏侯楙，不是司马仲达。魏延若如此，或许蜀军早已直取长安，坐拥天下了。从这里我们看出他的智勇。但此人生性孤傲，在丞相否认他之后，快快不乐，不再请战。诸葛亮从未信任过他，而魏延用不再请战的做法回应诸葛亮，这只会更坚定了诸葛亮杀他的决心。可以说，在魏延头上一直悬着一把刀，随时都可能让其身首异处，这使他即使有再大的才能也是无用武之地，最后落得个被马岱所杀的结局。所以，与其说他"脑后有反骨，日后必反"，不如说他是诸葛亮逼反的。

魏延不是一个平庸之辈。若善用之，必成大器。可惜呀，诸葛亮你一生认错了两个人，马谡、魏延，皆被你所杀。若善用魏延，结果可能会不一样啊。可惜呀，那么好的大将，落你手，竟成如此。

"武侯弹琴退仲达""木牛流马建奇功"，皆出自一人——诸葛亮。诸葛亮自比管仲、乐毅，但隐士司马徽，称其为"不比管仲、乐毅，但比姜子牙、张子房"。

他与凤雏，皆为蜀汉名仕，但凤雏命不好，死得早，民间有谣云"一凤并一龙，相约到汉中。才到半里路，凤死落凤坡。风送雨，雨随风，隆汉兴时蜀道通，蜀道通时只有龙。"说的就是这件事。

诸葛亮极为聪明，他通过关平送信，知道关羽镇守荆州；他布下八卦阵，差点致陆逊于死地。但他命不好，六出祁山，却连连受挫。最后，祈禳之时，被魏延将主灯打灭，功败垂成。但诸葛亮没有怪罪魏延，和司马仲达一样，临死前都说过同样的一句话：天命难违。

至此，我不禁有一个疑问：同样是中国古代足智多谋的典型，为什么诸葛亮被后人称颂千百年，而司马懿却被后人所遗忘呢？司马懿文武双全，魏延曾与司马懿交手而后未占任何便宜，他何以被淡忘甚至遭人鄙弃呢？

其实，说到底，是司马懿的不义造成的。自曹操起，司马懿就仕于曹魏。但到第四代，即曹芳，司马懿便将他的政权统统收入自己囊中。不仅如此，其子司马昭还杀曹髦，因此遗臭万年。若司马懿像诸葛亮一样忠心，那么他的名声或许会和诸葛亮一样响亮。

真正的荣誉

贺芳祎

六月的微风，乘着梦幻的羽翼，翩然来临，夜合树迎着夕阳的余晖，泛着油绿的生命光泽。虽然将近黄昏，但盛夏阳光的势头却毫不减弱，在周围一片温暖迷离的阳光中，却突兀地想起一个雨天。

一年前，在一场铺天盖地的大雨中，匆忙打伞去学校上课。尽管时隔已久，但我还是清楚记得，那是小学毕业前最后一次数学测验发成绩的日子。

当时班上有一个同学，成绩与我不相上下，虽然表面上不说，暗地里我们却较着劲。他刻苦，我也努力，大家一直处在比赛的状态，谁也不愿输给谁。这次测验的成绩，将会是我们在小学的最后一次较量。

第二节数学课，老师抱着一摞白色的试卷进来了，我的心咚咚如鼓敲，一阵阵紧张窜上心头。老师开始宣读成绩，我的手不住地搓着衣角，窗外的雨也"啪啪"敲打着窗户，使我的心更添慌乱。

在读了几乎所有同学的分数后，老师慈爱地扫视了全班一眼，我知道下一个就是我了，因为我还没听到自己的名字。我下意识地咬紧了嘴唇，心里掀起了狂涛巨浪。老师缓慢而沉静地说道："同学们，这次全年级只有两名同学是满分。"我紧紧盯着老师。"是我们班的……"老师略微一顿，接着念出了我和他的名字。

我的心一阵放松，还好，这个成绩我还是非常满意的，我绽开了一个轻轻的微笑。但接下来发生的事情，却大大出乎我的意料。拿到试卷后，只见他缓缓举起了右手，缓慢而又坚定地说道："老师，有一个地方你给我判错了，我应该是九十八分！"那一刻，我简直不敢相信自己的耳朵。真的，时至今日，我还听到他的声音在我耳边回响，他走上讲台的画面至今仍历历在目。

他的眼睛闪射着的坚毅光芒深深刺痛了我，我忽然觉得自己是那么渺小，那么微不足道，我输了，或者说我从来没有赢过，像他那样强大的内心，怎么能打得败？

他依然那样安静、镇定，改完分后，缓缓走向座位，教室里爆出一阵阵热烈的掌声，我木然地绽开一个呆滞的笑容，在心里为他鼓掌。

在我们身边，像他那样自觉放弃唾手可得的荣誉的人，实在太少了，多少次，我问自己，你能做到吗？

　　我觉得人一生会有许多次考试，有些是书面的，我们能看得到的；有些是心灵上的，鲜为人知的。十二岁那年，他在一次心灵测试中，交上了一颗坦然诚实的心。每当我坐在考场上，我总可以感觉到，这个世界上有一颗那么纯洁的心，在激励着我，走向真正的荣誉！

秋 之 月

王 浩

秋之辽远的大地，寂寥的天空，只有静，净。

走出屋子，一轮圆月在深蓝的空中。秋天的月亮格外沉静，如水的月光将影子写成一首朦胧的小诗，连同摇曳的花枝树影，谱成柔美的小夜曲，弥漫于空气中，漂浮在静水上，缥缈于四宇内，回荡于胸间。

常常想起古代对月长吟的诗人：哀伤憧憬而深沉热烈的张若虚，孤独寂寞而邀月同饮的李太白，自由洒脱而豪迈奔放的苏东坡……

古人不见今时月，今月曾经照古人。月仍是同一轮月，变幻了的，只是悠悠的时空和匆匆的人事。

月有至美而无言。悠悠岁月长河里，月亮是一盏永恒不灭的明灯。

孤独而疲惫的灵魂，醉倒于月下花间，用手指蘸着残酒，在月光里写下人间最凄美动人的诗句，然后酣然离去。被月亮轻轻揽入怀，就像美丽而慈爱的母亲哄着自己的子女。

能够如赤婴一样面对月亮，放纵孤独的灵魂，是一种大洒脱，也是一种大幸福。但是，扰攘纷纭的世人，如今还有几人能真正静下心来痴痴对月？古人灵魂里那种简单、纯净的可贵品质，在世人身上还剩下多少？

今夜对月，月光照着须发葳蕤的躯体，照着历经坎坷的灵魂。耳边时而响起理查德·克莱德曼那悠远的《星空》，时而响起贝多芬那澄静的《月光曲》，时而响起德彪西那轻柔的《月光》……仿佛躺在母亲温暖的怀抱里沐浴在天使圣洁的音乐里，使灵魂纯净，让身心轻盈。

古往今来，月亮是那么纯净、圣洁，人们都以此寄托爱恋、思念。真正理解苦苦跋涉于风尘的人，不能没有月亮，特别是在心灵的晴空里。

凉爽的秋夜，望月，可以洗涤灵魂；看月，能够纯洁心灵。

你不回来了吗

周家豪

时光的这头，深深地想念我的英语老师刘雅丹。

趁我还未忘却，要记下昔日的片段。在我印象中，刘老师戴金边眼镜，可爱的脸庞，整齐的马尾，蓝色的牛仔裤，白色运动鞋，上课时，一手持麦，一手指着黑板的英语题。刘老师的这一固有印象深深印在脑际，始终挥之不去。

用句烂熟的话来形容我们和刘老师的关系——她和我们打成一片。不知怎么地，刘老师要出国深造，听说是去澳大利亚或是加拿大。离别的日子一天天临近，最痛苦的不是离别，而是将要离别。想到她就要离开我们，心如刀割般难受。

最后一课，刘老师是含着眼泪讲完的。

屏幕上播放着的《感恩的心》，是红五月的比赛，那整齐的手语，动人歌声，感动的回忆只会加深不舍和痛楚。屏幕最后化为刘老师的背影，直至消失。

"那些我爱的人，那些曾经的泪，那些永远的誓言一遍一遍。"这首班歌唱得我们泣不成声。我听不到自己的哭泣，眼里却不停涌出泪花，怎么擦也擦不干净。旁边的涂琳旋埋头在桌上，默不作声，夏钧哭得撕心裂肺，却嘶哑无声。

那一节课如此漫长，下课的铃声响起，刘老师许下诺言，两年后会回来看我们的。我们是她的孩子，带不了三年也要在中考之前回来看看我们。

拍照留念，同学一个个坐在刘老师旁边，哄闹时挤进一个人，圆圆的平头有些可爱，我不知道他是谁。

但我们后来知道了，半年后，他当了我们的班主任。

"我本来不想来的，但政教处说你们没班主任，我又知道是刘老师带的班，看刘老师的面子才带你们的。"自负中又带着一丝叹惜，我立即知道了他喜欢她。

这个大男孩儿，教我们英语，陪我们玩。那节体育课，王老师的手机响了，我们在操场上停了下来，听她说，她想我们，她在那边过得很好，不要我们牵挂，她一定会回来看我们的。

后来，却再也没有她的消息，刘老师，你不回来了吗？

站在校元旦会演的红歌会台上，少了蓝色忙碌身影的看台，好空虚。你不回来了吗？

　　运动赛场上，只有王老师为我们加油。看台留有一个位置。你不回来了吗？

　　张爱玲说："我们回不去了。"是不是因为我们回不了过去，所以，亲爱的刘老师才不回来看我们呢？岁月啊，岁月……